深圳博物馆

2018

文物出版社

目 录 Contents

卷首语

一年远去，所有的告别都是一种砥砺；一年到来，所有的开始都是一种希冀。今天，我们正站在改革开放的延长线上，回首过往，毅然向前。2018 年是中国改革开放 40 周年，深圳博物馆干部职工坚持以习近平新时代中国特色社会主义思想为指导，坚定文化自信，撸起袖子加油干，凝心聚力抓落实，文博事业取得多项新成就。

"闻鸡起舞，日夜兼程，夙夜在公"是我们这一年的关键词。深圳博物馆作为建设主体，在广东省委、深圳市委的部署和直接领导下，筹办"大潮起珠江——广东改革开放 40 周年展览"。我们动员全馆，抽调百余名员工全面投入建设工作。经过数月的艰辛筹备，展览馆于 10 月 24 日圆满完成接待习近平总书记的重要任务，并在 11 月 8 日对公众开放。开放后的展览馆人气爆棚，获得社会各界如潮好评。这次"拼搏奋战"，让深圳博物馆积累了大量的宝贵经验，锻炼了一大批年轻人，也展示了深博人十足的战斗力。这给了我极大的信心，激励我们建好、管好新的场馆。石印铁痕、奋斗甘苦在此铭刻，照亮未来。

这一年，我们迎来新的机遇。深圳市委、市政府高度重视文化事业发展。由我馆主要负责建设的深圳自然博物馆、深圳海洋博物馆等 4 个场馆被列为深圳"新十大文化设施"，加速推进。更多的大型文化设施在深圳落地，更多的文化精品活动在深圳传承，一座城市的文化发展就根植在市民心中，茁壮成长。

这一年，我们播散新的影响。中国博协城市博物馆专委会第十届年会在我馆召开，来自全国的博物馆专家围绕"博物馆与城市共同成长"主题进行交流讨论。这一年，深圳市博物馆协会成立，推动全市博物馆发展。深圳博物馆的特色办馆经验获得业内广泛认可。

这一年，我们收获新的硕果。我们的展览陈列、文物管理、教育推广、参观接待、志愿者服务、非物质文化遗产，以及各项管理、后勤工作都扎实有序开展。这些成绩离不开我们每个员工的默默付出和砥砺拼搏。这一步一个脚印，值得被《深圳博物馆 2018》记录下来，固化下来。

往者可追，来者可期。大江奔腾，一路向前。2019 年，改革开放 40 周年与中华人民共和国建国 70 周年在此交汇，在此时间节点，我们要不驰于空想、不骛于虚声，以坚如磐石的信心、只争朝夕的劲头和坚韧不拔的毅力，推动博物馆事业跃上一个新台阶。我们将用奋斗定义更好的时光！

深圳博物馆馆长

二〇一九年二月

Foreword

As a year passes, farewell means encouragement; as a year starts, beginning means hope. Today, we are standing on the extension line of the cause of reform and opening-up, looking back and then moving forward with resolution. The year 2018 marked the 40th anniversary of China's reform and opening-up. Adhering to the guidance of Xi Jinping Thought on Socialism with Chinese Characteristics for a New Era with strengthened cultural self-confidence, the staff of Shenzhen Museum worked harder with our sleeves rolled up and focused on implementation which has resulted in various achievements in the cause of cultural heritage and museums.

"Rise up upon hearing the crow of a rooster and practice with the sword", "march day and night", and "be diligent in official duties from morning till night"are the key words for us this year. Under the deployment and direct leadership of Guangdong Provincial CPC Committee and Shenzhen Municipal CPC Committee, Shenzhen Museum, as the main force, prepared the exhibition of Great Tides Surge Along the Pearl River: 40 Years of Reform and Opening-up in Guangdong. We mobilized and drafted more than 100 of our staff for the construction of the exhibition. After several months of hard work, the construction completed. On 24 October, 2018, President Xi Jinping visited the exhibition. On 8 November, the exhibition was opened to the public. It soon became overwhelmingly popular and has been hightly praised by the people from all walks of life. Shenzhen Museum accumulated valuable experiences, trained raw recruits, and showed the strength and capabilities of our staff by accomplished this mission. I am fully confident that we will be inspired to fulfill our responsibilities in the construction and management of several new museum venues in the next few years. All the sweetness and bitterness in this mission will be remembered to illuminate the future.

In 2018, we got new opportunities. Shenzhen Municipal CPC Committee and Shenzhen Municipal Government have always had a high regard to the development of cultural undertakings. 4 new museums, including the Museum of Natural History and Shenzhen Ocean Museum, whose construction is in the charge of Shenzhen Museum, have been listed in the 10 New Cultural Facilities of Shenzhen. More large-scale cultural facilities and higher quality cultural activities will help Shenzhen's cultural development rooted deeply and thrives prosperously.

In 2018, we spread new influences. The 10th Annual Convention of the Cities' Museums Committee of Chinese Museums Association has been held in our museum. Museum experts from all over the country exchanged ideas and discussed under the topic of "Museums Growing with Cities". Also in this year, Shenzhen Museums Association has been established to promote the development of Shenzhen's museums. Shenzhen Museum's characteristic experience in running a museum has been widely recognized in the field of museums.

In 2018, we harvested new fruits. In terms of exhibitions, cultural relics, education, promotion, social service, volunteers, intangible cultural heritage, as well as management and logistics work, we spared no efforts to get our job done. No achievements would be possible without the devotion and contribution of our staff, and their footprints are surely worthy of being recorded in this yearbook.

The past can be traced and the future shall be expected. We are always on the way. The year 2019 is a meeting point of the 40th Anniversary of Reform and Opening-up and the 70th Anniversary of the Founding of the People's Republic of China. Shenzhen Museum shall bring our undertakings to a new level with confidence, determination and perseverance. We will make a better future with our efforts!

Ye Yang

Director of Shenzhen Museum

February 2019

2018 年工作总结

2018 年，深圳博物馆干部职工团结一心，闻鸡起舞、日夜兼程，圆满完成深圳改革开放展览馆建设开馆的重大任务，历史民俗馆、东江游击队指挥部旧址纪念馆正常运行开放，古代艺术馆维修改造工程顺利推进，取得良好社会效益。

一、高质量完成深圳改革开放展览馆建设工作

深圳改革开放展览馆是目前唯一经中央批准设立的、以改革开放为主题的展览馆。筹建深圳改革开放展览馆，举办"大潮起珠江——广东改革开放 40 周年展览"是广东省、深圳市庆祝改革开放 40 周年的重要举措，也是我馆 2018 年的核心工作之一。

根据省、市部署，我馆动员全馆力量，抽调 100 多名业务骨干，成立了脚本深化细化、藏品征集保管、施工建设、设计布展、展览讲解、开馆运营、后勤服务等多个工作组。大家"闻鸡起舞、日夜兼程"，克服种种困难，开展大量工作，高质量完成展览馆建设的光荣任务。10 月 24 日，展览馆成功接待习近平总书记。11 月 8 日，展览馆对公众开放。截至年底，观众量达 22 万多人次，接待参观团队 1000 多批次。展览馆的建设和开放得到中央、省、市领导的高度肯定。

二、展览陈列精益求精，影响不断提升

新推出的"大潮起珠江——广东改革开放 40 周年展览"，展线 1305 米，面积 6300 多平方米，共展出照片、实物、视频、美术作品、场景、模型沙盘等各类展项 3234 个，全面、生动、立体地展示了广东改革开放 40 年的发展历程和辉煌成就。

重新编写"深圳改革开放史"展览大纲，顺利通过专家评审并报深圳市相关部门审核，为展览的更新改造奠定基础。

整合国内外收藏资源，举办高质量专题展览 12 个。包括利用馆藏资源举办的"馆藏经部古籍善本展""馆藏二十世纪中国书画精品展"，引进举办的"洛杉矶郡艺术博物馆藏古代玛雅艺术品""辽宁朝阳北塔出土文物精品展"等重量级专题展览，以及以深圳植物和珊瑚礁为主题的 2 个自然科普展览。

坚持"走出去"的办馆思路，组织馆藏青铜器赴河源市博物馆展出，与香港深圳社团总会合办"深圳历史巨变图片展（1978 ~ 2018）"。举办"博物馆进社区"巡展活动。展览内容丰富，社会反响热烈。

三、场馆建设稳步推进

维护提升历史民俗馆和纪念馆基础设施，更新修缮展楼公共区域设备设施，完成监控室空调、多功能报告厅改造，加装遮阳挡雨棚，进一步完善安防设施。

古代艺术馆维修改造工作有序推进。开展了绿化迁移，文物库扩建部分以及观众服务用房封顶。正在维修雕塑《闯》。展陈设计施工招标完成，中标单位进场。改造工程计划将于 2019 年完工。

深圳自然博物馆建设完成初步勘察、工程物探、地形测量及地质灾害危险性评估，深化完成可研报告，编制节能评估等多项调研报告。设计自然馆使用及观众需求调研问卷，启动了项目建

设需求研究。项目选址在坪山区。

改革开放博物馆选址在香蜜湖；深圳海洋博物馆选址在大鹏新区，占地面积9万平方米，投资额30亿元。初步完成两馆的筹建方案。

落实深圳市人民政府与中国国家博物馆签署的战略合作框架协议，我馆初步开展了中国国家博物馆·深圳馆的相关接洽工作，筹办重量级展览。项目选址在前海。

开展深圳二线关博物馆展览大纲编写、展品征集工作，推动同乐联检楼产权移交。

四、扎实推进文物征集、管理、保护工作

征集工作成绩斐然。征集到广东改革开放相关实物、照片、文件、音视频等1.7万余件（组），其中包括大批改革开放初期的重要文献，以及"华龙一号"主控室、"蓝鲸一号"模型、全球最大两栖飞机AG600模型等重要藏品。建立了规范、高效的自然标本征集制度，征集野生动物、矿物晶体等自然标本1036件，为自然馆建设做好基础工作。接收深圳市财政局调拨实物279件。

藏品管理有序。完成139批、共计2899件（套）实物藏品的入馆入藏手续。继续开展2000多件（套）民间藏家托管文物的点交、整理工作。推动将文物总账纳入国有资产管理体系。

做好展厅、库房等重点部位文物保存环境的监测，确保藏品安全。修复馆内外文物56件（套），分析检测文物32件，编制文物修复保护方案11套，绘制文物病害图65份。

五、学术研究取得新成绩

课题"深圳博物馆陶瓷器修复仿釉技术研究"

进展顺利，取得阶段成果。进行了低温铅釉的仿釉材料的筛选与应用研究。该仿三彩铅釉配方成功用于河源市博物馆馆藏4件素三彩陶罐的修复，并通过专家验收。

配合"千年马约里卡——意大利法恩扎国际陶瓷博物馆典藏"展览，举办"中西陶瓷贸易与外销瓷艺术学术研讨会"，取得丰硕成果，获得学术界高度肯定。举办中国博协城市博物馆专委会第十届学术年会，叶杨馆长当选新一届专委会主任。郭学雷副馆长任深圳市博物馆协会首任会长。工作人员参加中国博物馆协会、中国文物保护技术协会、香港中文大学、北京师范大学等举办的学术会议，发表多项研究成果。

出版《周邦肇作——陕西宝鸡出土商周青铜器精华》《传承之道——深圳博物馆藏经部古籍善本图录》《深圳博物馆2017》等图录和著作。编写和校对完成《深圳经济特区管理线（二线）历史变迁研究》《巴蜀汉风——川渝地区汉代文物精品》，即将出版。研究人员发表学术论文48篇。

六、非遗保护进一步增强

举办和参加非遗展演展示活动34场，取得积极的社会影响。包括开展非遗品牌活动"欢乐闹元宵""文化和自然遗产日"以及20场"非遗进社区、进校园"展演展示活动；组织优秀非遗项目参加"国际博物馆日"广东主会场、深圳文博会、首届深圳"非遗周"、东莞"非遗墟市"等8项活动；参加深圳市"创意十二月"相关活动4项。

推动合作项目建设。与深圳图书馆签订共建共享"深圳记忆之深圳传统手工技艺"项目合作协议，参与《深圳传统手工技艺》微视频开机拍摄，完成对13个项目及传承人的记录工作。参与国家

级代表性传承人的抢救性拍摄记录工作 2 项。

完成非遗相关评审工作，调整和认定 15 个省级非遗代表性名录项目的保护单位；推荐 7 人申报第六批省级非遗代表性项目传承人；评审发放 55 个市级以上非遗项目和 50 位代表性传承人补助经费。

深入各区观摩和指导基层非遗民俗活动、文化遗产保护工作 12 项。

七、宣传教育卓有成效

宣传力度不断提升。做好中国博协官网、《美丽城市》、深圳活动网、深圳市文体旅游局简报等媒体的信息报送工作。举办新闻发布会 20 场，传统媒体对我馆报道近 200 篇。其中，"物华天宝——辽宁朝阳北塔出土文物展""大潮起珠江——广东改革开放 40 周年展览"等专题，在《中国文物报》进行了专版报道。中央电视台、广东电视台、凤凰卫视、湖南卫视等在我馆进行了采访拍摄，电视广播报道 30 多篇。

自媒体推广工作稳步推进。官网点击率达 2100 多万次，发布信息 2800 多条。目前官方微信粉丝超过 5.3 万，微博粉丝 8.5 万。微信信息发布量和阅读量明显增长。

举办各类教育活动 146 场。其中，举办历史文化大讲堂、缪斯沙龙等各类讲座 24 场，"博物馆小讲堂" 31 场，"非遗手工坊" 40 场。

大型专题教育活动水平不断提升。连续第 6 年举办"环球自然日"深圳分站赛事，选拔的团队在全球总决赛中获得一等奖 4 个，二等奖 4 个，三等奖 8 个，我馆再获"组织奖"，选送的科普绘画队伍在全国总决赛获得一等奖 2 个，二等奖 3 个，三等奖 1 个。组织举办"国际博物馆日"系列活动、"香港博物馆节 2018"深圳博物馆分场活动，赴河源参加"国际博物馆日"广东主会场活动，展示了良好形象。

其他教育活动如馆外科考、"缪斯小剧场"、古琴体验等，也得到市民观众的积极响应。我馆被授予"深圳市儿童友好实践基地"称号。

八、进一步擦亮志愿者品牌

新注册志愿者 226 人。规范志愿者培训。举办小讲解员寒假提升班、第九届暑期小讲解员培训班，在南山中英文学校开展 2 期小讲解员培训班。志愿者参与服务 2 万小时，接待观众 20 多万人次。已经进驻深圳改革开放展览馆开展讲解服务。

修改完善志愿者管理规章制度，实行档案式管理。重新设计制作小讲解员服务手册，建立小讲解员家长志愿者团队。

开展丰富多彩的志愿者活动，包括举办"快乐六一·童心舞动""我讲解·您点赞—我最喜爱的深博小讲解员""志愿者总结表彰暨文艺汇演"，参观其他文博单位等系列志愿者活动，拍摄志愿者宣传片，志愿者专业水平日益提高，服务热情不断高涨。

深圳博物馆志愿者团队获第六届广东志愿服务铜奖。"我讲解·您点赞—我最喜爱的深博小讲解员"活动被评为"深圳市文化志愿服务示范项目"。志愿者获得第九届"中国博物馆十佳志愿者之星"评选提名奖、第六届广东志愿服务铜奖（个人）和深圳市优秀文化志愿者等荣誉称号。

九、高质量完成讲解接待工作

接待国内外观众 200 万人次。重要贵宾有：中共中央总书记、国家主席、中央军委主席习近平，国家副主席王岐山，原中央政治局常委李长春，原中央政治局常委、国务院副总理张高丽，原中央政治局委员、国务院副总理刘延东，中央政治局委员、广东省委书记李希，全国政协副主席刘奇葆，香港特别行政区行政长官林郑月娥，广东省长马兴瑞，省委常委、深圳市委书记王伟中，省委常委、宣传部长傅华，省委秘书长郑雁雄，深圳市长陈如桂，国务院参事王京生，原全国人大常委会委员、香港特别行政区立法会前主席范徐丽泰等。

从全国各地选拔招募 10 多名讲解员。组织北京、上海、广州、深圳等地专家开设培训班，对我馆讲解员及广东省内各文博单位骨干讲解员进行系统培训，提升讲解水平。高质量的讲解接待工作得到了包括习近平总书记在内的各级领导和社会各界的一致好评。

十、加强业界合作，充分实现社会职能

与环球健康与教育基金会在动物标本捐赠等方面推进深入合作。与伦敦自然历史博物馆实现交流互访。与浙江省博物馆、中国文物交流中心、香港中文大学洽谈展览合作。接待国家文物局局长刘玉珠、中国国家博物馆馆长王春法，来自美国、法国、阿富汗、列支敦士登的博物馆，以及陕西历史博物馆、山西博物院、安徽博物院等全国多地博物馆馆长来访。接待深圳市史志办、深圳市政协来馆调研。

对口帮扶河源市博物馆，为河源市博物馆保护修复 10 件馆藏文物，选送专题文物展到河源市博物馆，举办河源市博物馆文物保护修复人员培训班，编制的《河源市博物馆馆藏文物预防性保护方案》获国家文物局审批通过，并为河源市博物馆争取到国家重点文物保护专项补助资金 300 万元。

参与"伟大的变革——庆祝改革开放 40 周年"大型展览"春天的故事"章节的大纲撰写和资料收集。参与协办中国共产党与世界政党高层对话会专题会议的配套展览"广东改革开放 40 周年成就展"。为深圳市委组织部、深圳市建筑工务署、深圳市史志办等单位培训讲解员。为多家单位提供资料查询、展览指导、培训交流等服务，获得一致好评。

与深圳市民间文艺家协会等机构合办"深圳民间文化沙龙""博笑堂"小剧场、古琴公益讲座、"第十二届客家文化节"等 60 多场活动，产生良好的社会效益。

十一、文创工作广受赞誉

大力推进文创产品开发。新开发文创产品 40 多种 200 多款，生产产品 4.4 万多件。其中配合"大潮起珠江——广东改革开放 40 周年展览"开发文创产品 22 种近百款，开发的改革开放地标建筑系列 T 恤、纪念邮票、贵金属礼品等创意新颖、特色鲜明、制作精良，市场反响热烈，许多爆款很快售罄。

加强交流推广，与广州白云机场合作，推动文创产品进机场展销。组织文创产品参加深圳文博会，以及德国、福州、河源等地的 5 个展会。在"国际博物馆日"广东主会场获"最佳文创产品推广奖"；在福州"博博会"获"弘博奖·最佳展示奖"。

十二、不断完善数字化建设

完成深圳改革开放展览馆官网和语音导览服务建设，推出的虚拟展厅、网上预约参观服务受到公众好评。创新运用 68 米新媒体艺术长卷、"走进广深"虚拟漫游、三折屏、曲面屏等多种新颖

先进的多媒体手段，优化展示效果。

完成活动及会议的摄像直播工作约100场次。拍摄深圳改革开放展览馆建设照片近万张、影像资料约100小时。开展博物馆官网首页的改版工作。完成"深圳民俗文化"展览AI识别智慧导览系统建设，提高观众的互动参观体验。做好博物馆数字化系统及展览多媒体设施维护保养，有效保障博物馆的正常运行和对外宣传。

十三、抓实图书档案管理

新增图书资料232套。完成图书报刊的登记上架和整理入库工作。收集与我馆相关的报刊报道198篇。完成书籍、档案库的消杀维保工作。与其他文博单位交换书籍资料。

档案管理规范化与标准化水平进一步提高。修改完善《档案分类方案》和《管理制度》，收集、整理、录入档案资料1705条，对全馆档案员进行专题培训。拍摄展览、活动、资料照片8000多张。

十四、管理更加规范严格

通过2014至2016年度国家一级博物馆运行评估。专人负责市文体旅游局OA系统对接，做好上传下达，确保政令畅通。完善历史民俗馆母婴室等配套设施建设，做好会务、办公后勤、资产管理，坚持实行物业工作例会和考评制度，加强对协作单位的监督管理。

建立《深圳博物馆自行采购管理办法》，选举产生自行采购纪检小组，规范自行采购管理。严守深圳市财务制度和纪律，严控三公经费开支，加强预算执行，严守招评标程序，确保资金的使用安全和效益。

人事工作有序开展。新增70多名员工，充实人才队伍。做好博物馆法人年检、人事档案、考勤、工资、职称等人事工作。

十五、党工群团工作深入开展

以"三会一课"制度为抓手，夯实基层党组织建设。组织全馆干部职工深入学习贯彻习近平新时代中国特色社会主义思想和党的十九大精神，学习习近平总书记对广东、深圳工作重要指示、批示精神。召开全面彻底肃清李嘉、万庆良流毒恶劣影响专题民主生活会。开展多种形式的主题党日活动，党组织凝聚力不断增强。开展2018年纪律教育学习月活动，内容包括参加廉政党课、党纪党规和宪法考学，观看警示教育片，参观廉政教育基地，开展谈话提醒等活动。共青团支部委员会完成换届改选。

工会组织举办第十九届职工运功会，书法篆刻、篮球、乒乓球、户外活动、绿植、瑜伽、游泳等多个兴趣小组定期开展活动。组织员工体检，提供节日及生日祝福慰问。看望慰问困难员工和离退休职工。这些工作有力提升了全馆员工的凝聚力，为博物馆事业发展营造了良好氛围。

十六、安保工作扎实到位

全馆维稳综治和安全生产工作形势良好，安全无事故。组织召开多次安全工作会议，签订安全责任书，落实安全生产责任制。对全馆职工、协作单位员工和志愿者进行消防培训，举办多场安全知识讲座，组织开展多次反恐防爆和消防演习。坚持预防为主，做好消防、安防设施维护保养。认真开展安全专项检查，增加夜间突击检查。抓实对物业安保队伍的教育、管理和监督。成功做好超强台风"山竹"的安全防御工作。深圳改革开放展览馆获"深圳改革开放40周年专项安保先进单位"称号。

The Museum Work Summary of 2018

In 2018, the Shenzhen Museum staff rallied to the important task of constructing and opening the Shenzhen Reform and Opening-up Exhibition Hall. Besides, the History and Folk Culture Museum and the Dongjiang River Guerrilla Command Headquarters Memorial Museum kept open to the public, and the renovation project of the Museum of Ancient Art were under way as scheduled. Our work in 2018 resulted in significant social benefits.

(1) Completing the Construction of Shenzhen Reform and Opening-up Exhibition Hall with High Quality

Shenzhen Reform and Opening-up Exhibition Hall is by far the only exhibition hall focusing on reform and opening-up approved by the central government. Preparing the exhibition of Great Tides Surge Along the Pearl River: 40 Years of Reform and Opening-up in Guangdong was one of the important measures with respect to the celebration of the 40th anniversary of reform and opeing-up in Shenzhen and Guangdong Province. It was one of the priorities of Shenzhen Museum in 2018.

Following the deployment of Guangdong Provincial CPC Committee and Shenzhen Municipal CPC Committee, Shenzhen Museum mobilized the whole staff and drafted more than 100 of them to form workgroups assigned with different tasks, such as writing and refining the exhibition script, collecting and managing the exhibits, on-site construction, exhibition design and arrangement, reciption and interpretation, museum operation and logistics services. All the staff worked hard day and night, overcame numerous difficulties, and finally fulfilled this honorable task with perfection. On 24 October, the exhibition hall welcomed the visit of President Xi Jinping. On 8 November, the hall was opened to the public. By the end of the year, the hall had received more than 220,000 visitors including more than 1,000 groups. The construction and operation of the hall has been praised by the central, provincial and municipal leaders.

(2) Perfected Exhibitions with Rising Influence

The exhibition of Great Tides Surge Along the Pearl River: 40 Years of Reform and Opening-up in Guangdong, boasts a display line of 1,305 meters and exhibition space of 6,300 square meters, displaying 3,234 items in total including photos, utensils, videos, artworks, staged scenes, sand tables and models. It vividly illustrate in all dimensions the history and achievements in 40 years of reform and opening-up in Guangdong province.

For the renovation of the History of Shenzhen's Reform and Opening-up exhibition, we rewrote the exhibition ouline. The draft has passed the experts' review, is now under examination of relevant departments of Shenzhen municipality.

We integrated domestic and foreign collection resources and held 12 high quality special exhibitions, including exhibitions based on our own collections such as Ancient Rare Books of Classics and the 20th Century Chinese Paintings and Calligraphies, introduced exhibitions including Ancient Maya Arts from the Los Angeles County Museum of Art and Archeological Discoveries from The North Pagoda in Chaoyang, and 2 natural science exhibitions featuring plants in Shenzhen and coral reefs.

Adhering to the idea of "Going out", we held an exhibition of Shenzhen Museum's bronzewares at Heyuan Museum, co-organized a photo exhibition of historical changes in Shenzhen with the Federation of Hong Kong Shenzhen Associations. What's more, we also took itinerant exhibitions to different communities in Shenzhen, all of which were rich in content and were welcomed by the mass.

(3) Steadily Advancing the Construction of Museum Venues

We maintained and upgraded the infrastructure of the museum, repaired the equipment and facilities in the public area of the exhibition building, reconstructed the multi-functional auditorium and the air conditioning system of the control room. We also added the shade shelters and made further improvement of the security facilities.

The renovation of the Museum of Ancient Art was being steadily advanced. We have completed the green transplantation, the capping of the cultural relics warehouse and audience service building. Repair work of the sculpture"Breaking Through"is underway. The bid winner of the exhibition design and construction has started their work. The renovation project is scheduled to be completed in 2019.

The preliminary investigation, engineering geophysical prospecting, topographic survey and geological hazard assessment with respect to the construction of the Shenzhen Natural History Museum have been completed. The feasibility study reports were further revised and various research reports such as energy conservation assessment have been worked out. Questionnaires on utilization of the natural history museum and on visitors' needs have been designed and the research on needs of the project construction has started. The project is located in Pingshan District.

The Museum of Reform and Opening-up is placed to be built by the Xiangmi Lake. The Shenzhen Ocean Museum is planed to be built in Dapeng New District, covering an area of 90,000 square meters with an investment of 3 billion yuan. The construction plans for the 2 museums have been initially drafted.

To implement the strategic cooperation framework agreement between Shenzhen Municipal People's Government and the National Museum of China, Shenzhen Museum has initially carried out preliminary contact work on the Shenzhen Hall of the National Museum of China planted to be built in Qianhai Cooperation

Zone. What's more, we prepared a high-grade bronze ware exhibition in corporation with the National Museum of China.

The work of drafting the exhibition outline and collecing exhibits for the Shenzhen Special Economic Zone Management Line Museum is underway, and the transfer of the venue property right is being expedited.

(4) Making Solid Progress in Collection, Management and Protection of the Cultural Relics

In 2018, we received more than 17,000 pieces (sets) of exhibits, including utensils, photographs, documents, audios and videos, etc., among which there are a large number of important literatures from the early years of the reform and opening-up, and some modern exhibits such as the master control room model of Hualong One nuclear reactor, the model of Blue Whale One ultra-deep-water semi-submersible drilling rig, and the model of the world's largest amphibious aircraft AG600. As for the natural specimen collection, we established a serials of practical regulations and collected 1,036 pieces of natural specimens, including wild animal specimens and crystal mineral specimens. Moreover, we received 279 exhibits handed over by Shenzhen Finance Bureau.

The collections were managed in an orderly manner. We completed the registration for 139 batches of a total of 2,899 pieces (sets) of exhibits in collection. The checking and registering of over 2,000 pieces (sets) of cultural relics entrusted by private collectors is underway. Moreover, we are arranging the general ledger of cultural relics into the management system of state-owned assets.

The storage environments of the exhibition halls and exhibits warehouses are monitored to secure the safety. In 2018, we restored 57 pieces (sets) of cultural relics, analyzed and tested 32 pieces of cultural relics. 11 sets of cultural relics restoration and protection programs have been compiled, and 65 cultural relic disease diagrams have been drawn.

(5) Achievements made in Academic Research

The research project "the Glaze Imitation Technology in Ceramic Repairing" is well underway. We applied the selected low-temperature tri-colour lead glaze to repairing 4 plain tri-colour pottery jars of Heyuan Museum, and won the related experts'acceptance.

We held an academic seminar on the ceramic trade between China & the West and art of exported chinaware, and gained much praise in the academic circle. The 10th Annual Convention of the Cities' Museums Committee of Chinese Museums Association was held in our museum, and our director Ye Yang was elected as the new director of the committee. Guo Xuelei, the deputy director of our museum, has been elected as the first president of the Shenzhen Museums Association. Some of our staff participated in academic conferences held by the Chinese Museums Association, the Association of National Antiques Preservation Technology, the Chinese University of Hong Kong, Beijing Normal University, etc.. A number of new academic results revealed to the public .

In 2018, we published a number of academic books and exhibition catalogs, including *Initiative Taken by Zhou: Bronze Highlights from the Shang and Zhou Dynasties Unearthed in Baoji, Shaanxi Province*, *Catalogue of the Ancient Rare Books of Classics in the Collection of Shenzhen Museum*, and *Shenzhen Museum 2017*. 2 new books *Study on the Historical*

Changes of Shenzhen Special Economic Zone Management Line ("The Second Line") and *Life Style in Ba and Shu Regions of Han Dynasty: Exhibition of the Han Dynasty Cultural Relics in Sichuan and Chongqing Regions* have been compiled and will be published soon. What's more, our researchers published 48 academic papers in the year.

(6) Further Strengthening the Protection of Intangible Culture Heritage

We held or participated in 34 intangible cultural heritage showcasing activities, helped the traditional crafts to spread influence. The activities included our brand name activities held on the Lantern Festival and the Cultural and Natural Heritage Day, 20 activities held in communities and schools, 8 shows for the International Museum Day, China (Shenzhen) International Cultural Industries Fair, the 1st Shenzhen Intangible Cultural Heritage Week, the Intangible Cultural Heritage Market in Dongguan, etc., and 4 activities of the 14th Shenzhen Creative December.

We signed a cooperation agreement with Shenzhen Library on the project of Shenzhen Traditional Handicrafts, participated in the micro-video shooting of Shenzhen Traditional Handicrafts. By the end of the year, the recording of 13 intangible cultural heritage projects and their inheritors completed. Moreover, we participated in the salvage recording of 2 state-level intangible cultural heritage representative projects inheritors.

We completed the assessment relevant to intangible cultural heritage, adjusted and identified the protection organizations of 15 provincial intangible cultural heritage representative projects, recommended 7 inheritors as the 6th batch of provincial intangible cultural heritage representative

projects inheritors. We also assessed 55 intangible cultural heritage projects at or above the municipal level, and granted subsidies to 50 representative inheritors.

In addition, we participated in the inspection and guidance of 12 grass-root intangible cultural heritage folk activities and cultural heritage protections.

(7) Effective Publicity and Education

The publicity has been steadily enhanced. We managed to keep sending news to the Chinese Museums Association, *Beautiful City*, Culture Sports and Tourism Administration of Shenzhen Municipality, etc.. We held 20 press conferences and secured more than 200 reports on our museum by traditional media. Exhibitions such as Treasure from Buddha: Liao Dynasty and Earlier Archeological Discoveries from The North Pagoda in Chaoyang, Liaoning and Great Tides Surge Along the Pearl River: 40 Years of Reform and Opening-up in Guangdong were reported in special editions in *Chinese Cultural Relics News*. In addition, CCTV, Guangdong TV, Phoenix TV, Hunan TV and Shenzhen TV visited our museum, and conducted more than 30 interviews and TV broadcasting.

As for the self-media publicity, our official website received more than 3 million hits with more than 2,800 pieces of news released. At present, there are more than 53,000 official WeChat fans and 85,000 Weibo fans of our museum. The number of massages released by our WeChat account and the hit rate of our messages increased significantly.

In 2018, we held 146 educational activities, among which there were 24 history and culture lectures or Muse Salons, 31 museum lessons for students and 40 handwork workshops of intangible cultural heritage.

The level of large-scale thematic education activities has been on the rise. For the 6th consecutive year, we held the Global Natural History Day Contest in Shenzhen. In the global finals, the teams from Shenzhen won 4 first prizes, 4 second prizes and 8 third prizes and Shenzhen Museum was awarded for excellent organization work again. In the popular science painting section, the teams from Shenzhen won 2 first prizes, 3 second prizes and 1 third prize in the national finals. We also held a series of activities on International Museum Day and held the Shenzhen Museum Branch of Museum Festival Hong Kong 2018. What's more, we participated in the activities sponsored by Guangdong Provincial Administration of Culture on International Museum Day in Heyuan.

We also organized many other educational activities, such as outdoor scientific expeditions, Little Muse Theater, and the Guqin salons. These activities received positive responses from the public. In 2018, we were awarded the title of Shenzhen Child-Friendly Practice Base.

(8) Volunteers

In 2018, 226 new volunteers were registered and we improved the volunteer training. We trained more student interpreters in winter and summer vacations and continued the training courses for students in Nanshan Chinese International College. Volunteers participated in 20,000 hours of service and provided services to more than 200,000 visitors. After special training, some outstanding volunteers started to provide services in Shenzhen Reform and Opening-up Exhibition Hall.

We revised the rules and regulations of volunteer management and implemented archival management of them. We redesigned the manual for the student interpreters, and built a volunteer team of the parents of student interpreters.

We carried out a variety of volunteer activities, including a party on the Children's Day, selection of excellent student interpreters by the audience, an annual commendatory meeting, visits to a number of museums, and shooting a volunteer promotional film. The volunteers are becoming more professional and motivated.

Shenzhen Museum Volunteer Team won the 6th Guangdong Volunteer Service Bronze Award. The activity of selection of excellent student interpreters by the audience was awarded as one of the Shenzhen Cultural Volunteer Service Demostration Projects. Some volunteers were awarded honorary titles such as the Nomination Prize in the 9th annual award for the Top 10 Volunteer Stars of the Chinese Museums, the Bronze Prize (Individual) in the 6th Guangdong Volunteer Service Award, Excellent Cultural Volunteers in Shenzhen.

(9) Guiding and Reception Work

In 2018, 2 million visitors from home and abroad visited Shenzhen Museum, including some important guests. They are Xi Jinping, General Secretary of the CPC Central Committee, President of China, and Chairman of the Central Military Commission; Wang Qishan, Vice President of China; Li Changchun, former member of the Standing Committee of the Political Bureau of the CPC Central Committee; Zhang Gaoli, former member of the Standing Committee of the Political Bureau of the CPC Central Committee and Vice Premier of the State Council; Liu Yandong, former member of the Political Bureau of the CPC Central Committee and Vice Premier of the State Council; Li Xi, member of the Political Bureau of the CPC Central Committee and Secretary of Guangdong Provincial CPC Committee; Liu Qibao, Vice-

Chairman of the CPPCC National Committee; Carrie Lam Cheng Yuet-ngor, Chief Executive of the Hong Kong Special Administrative Region; Ma Xingrui, Deputy Secretary of Guangdong Provincial CPC Committee and Governor of Guangdong Province; Wang Weizhong, member of the Standing Committee of the Guangdong Provincial CPC Committee and Secretary of the Shenzhen Municipal CPC Committee; Fu Hua, member of the Standing Committee of the Guangdong Provincial CPC Committee and Minister of Publicity of the Guangdong Provincial CPC Committee; Zheng Yanxiong, Secretary-General of Guangdong Provincial CPC Committee; Chen Rugui, Mayor of Shenzhen; Wang Jingsheng, the State Council Counsellor; Rita Fan Hsu Lai-tai, former member of the Standing Committee of the National People's Congress and former President of the Legislative Council of Hong Kong.

We recruited more than 10 interpreters from all over the country, and invited experts from Beijing, Shanghai, Guangzhou and Shenzhen to train the interpreters of our museum as well as those chosen from other museums in Guangdong Province, to improve their level of interpretation. The high-quality guiding and reception work received praisal from leaders at all levels, including President Xi Jinping, and all other visitors.

(10) Strengthening Social Cooperation

We furthered the cooperation with the Behring Global Educational Foundation in specimen donation., and exchanged visits with London's Natural History Museum. We discussed exhibition cooperation with Zhejiang Provincial Museum, China Cultural Relics Exchange Centre and the Chinese University of Hong Kong. Many distinguished visitors, including

Liu Yuzhu, Director of the National Cultural Heritage Administration, Wang Chunfa, Director of the National Museum of China, and the museums' directors from the United States, France, Afghanistan and Liechtenstein, as well as Shaanxi History Museum, Shanxi Museum, Anhui Museum, visited our museum. We also received researchers from the Shenzhen Office of Local Chronicles Compilation and Shenzhen CPPCC.

We supported Heyuan Museum in the following aspects: conserving and restoring 10 relics, organizing cultural relics exhibitions, and training their professionals. The Preventive Conservation Program for Collections of Heyuan Museum has been approved by the National Cultural Heritage Administration, and securing 3 million yuan of special subsidy funds for the protection of key cultural relics.

We participated in script drafting and data collection for a chapter in the Major Exhibition to Commemorate the 40th Anniversary of China's Reform and Opening-up. We co-organized the exhibition of Guangdong's Achievements in 40 Years' Reform and Opening-up for the first Shanghai Cooperation Organization (SCO) Political Parties Forum. We trained interpreters for several local departments such as the Shenzhen Municipal CPC Committee's Organization Department, Bureau Public Works of Shenzhen Municipality, Shenzhen Office of Local Chronicles Compilation. We also provided various public assistance like information inquiry, exhibition guidance, training and professional exchange.

In cooperation with Folk Artists Association of Shenzhen and other organizations, we held over 60 cultural activities, such as Shenzhen Folk Culture Salon, "Bo Xiao Tang" Chinese Folk

Art Performance, Public Lectures on the Guqin, and the 12th Shenzhen Hakka Cultural Festival, resulting in good social benefits.

(11) Development of Creative Cultural Products

In 2018, we vigorously developed 40 types and 200 models of new creative cultural products, and produced over 44,000 pieces of products. 22 types and nearly 100 models of them, including the cities' landmarks T-shirts, commemorative stamps, precious mental gifts, were developed for the exhibition of Great Tides Surge Along the Pearl River: 40 Years of Reform and Opening-up in Guangdong. They are very popular in the market because of the fresh ideas, distinctive characteristics and excellent quality. Many hot style products were sold out in short time.

To strengthen the promotion of creative cultural products, we have cooperated with Guangzhou Baiyun International Airport and sold our products in the airport shops. We also participated in 6 cultural fairs in Shenzhen, Frankfurt, Fuzhou and other cities to promote our products. We won the Best Promotion Award of Creative Cultural Products in Heyuan, and the Best Display Award in the MPT Expo in Fuzhou.

(12) Digitalization

The construction of the official website and audio tour guide service of Shenzhen Reform and Opening-up Exhibition Hall completed, and the virtual exhibition and visit reservation service online are widely acclaimed by the public. We used a variety of innovative and advanced multimedia techniques to optimize display effect, such as a 68 meters long new media art scroll, the Guangzhou-Shenzhen virtual tour, triple fold screen, and OLED curved screen.

We completed about 100 sessions of live videos for activities and meetings. Nearly 10,000 photos and 100 hours of video documents about the construction of Shenzhen Reform and Opening-up Exhibition Hall have been shot. The homepage of the museum's official website has been upgraded. What's more, we have built up the AI identification intelligent guide system of Shenzhen Folk Culture Exhibition, improving the audience's interactive visiting experience. We also maintained the digital system of the museum and exhibition multimedia equipments.

(13) The Management of the Library and Archives

In 2018, 232 volumes of books have been added to Shenzhen Museum's library, the newspapers and books have been registered and shelved. We collected 198 newspaper reports covering our exhibitions and activities. Sterilization and preservation of books and archives completed as scheduled. We also exchanged professional books with other museums.

Our archive management has been further regularized and standardized. The *Mearsures of Archive Classification* has been revised, and 1,705 items of archives have been collected, organized and recorded. We also trained archivists in the museum. In 2018, more than 8,000 photos for the exhibitions, activities and other work have been shot.

(14) More standardized and Strict Management

In 2018, we passed the evaluation of the national 1st-level museums' operation. The using of OA system ensured smooth workflow. We improved the baby care room and other supporting facilities in the Museum of History and Folk Culture. We also did well in meeting services, logistics affairs and assets management. Routine meetings and evaluation system enhanced the level of supervision and administration of the collaboration companies.

We issued the *Shenzhen Museum Self-Procurement Management Measures* and set up the discipline inspection team for self-procurement. We strictly abided by the financial system and discipline, promoted budget execution, regulated the public expenditure and the bidding procedures. All these measures ensured the appropriate use of public funds.

As for personnel work, we recruited more than 70 employees in 2018. The corporate annual inspection, personnel archives management, attendance and wage management, and professional qualification evaluation have been duly carried out.

(15) The Work with Respect to the Party Affairs, Labor Unions and Mass Organizations

Guided by the Three Sessions and One Lesson System(Holding CPC branch conference, CPC branch committee, CPC group regular meeting, plus attending CPC lesson) , we consolidated the construction of grass-root party organization in the museum. We assembled the cadres and staff to study Xi Jinping Thought on Socialism with Chinese Characteristics for a New Era and the theme of 19th National Congress of the CPC, as well as Xi Jinping's instruction on work of Guangdong Province and Shenzhen. We also held a meeting focusing on purging pernicious impact of Li Jia and Wan Qingliang. The cohesion of the CPC members of museum has been increased with party activities of a variety of themes held. Moreover, we organized the activities of discipline education month, including incorruptibility lessons, test of national constitution and disciplines of the CPC, watching educational videos, visiting incorruptibility educational base and so on. As for the Communist Youth League work, we carried out the general election of the museum branch committee.

We held the 19th staff sports meeting. Staff hobby groups of calligraphy and seal cutting, basketball, table tennis, outdoor activities, green plants, yoga and swimming held activities regularly. The health examination for staff was arranged, and holiday gifts were offered to staff. We also consoled the needy and retired workers. These efforts have greatly enhanced the cohesion of the staff and created a good atmosphere for the museum.

(16) Security

In 2018, Shenzhen Museum maintained a stable and safe environment, and no accident occured. We held a couple of safety meetings and a number of lectures on safety. All the staff signed safety liability agreements. Fire drills and security drills for staff of Shenzhen Museum and collaboration companies as well as volunteers were carried out. Fire fighting facilities and security facilities were well-maintained. What's more, we carried out special security inspections and increased night raid inspections. We also strengthened the education, management and supervision of the security guards. During the typhoon season, security defense work was successfully implemented. At the end of the year, Shenzhen Reform and Opening-up Exhibition Hall won the honour of "Special Security Work Advanced Unit of Shenzhen for the 40th Anniversary's Reform and Opening-up".

深圳改革开放展览馆

Shenzhen Reform and Opening-up Exhibition Hall

建设过程 Construction Process

为庆祝改革开放 40 周年，2017 年，广东省委提出在深圳建设深圳改革开放展览馆，全面启动各项筹建工作。2018 年 5 月，深圳改革开放展览馆获批建设；6 月，正式开工建设。期间广东省委、省政府，深圳市委、市政府多次现场调研、召开会议，全力推进筹建工作。

2018 年 10 月 24 日，中共中央总书记、国家主席、中央军委主席习近平在深圳视察时，在广东省、深圳市领导陪同下参观深圳改革开放展览馆"大潮起珠江——广东改革开放 40 周年展览"，并发表重要讲话，向全世界宣示中国改革开放不停步。11 月 8 日，深圳改革开放展览馆正式对公众开放。2019 年，展览获"第十六届全国博物馆十大陈列展览精品推介特别奖"。

叶杨馆长（左二）领取第十六届全国博物馆十大陈列展览精品推介特别奖证书

获奖证书

领导检查 Leadership Inspection

3月24日，广东省委常委、深圳市委书记王伟中（前排左二）检查展览馆建设情况，听取策展工作汇报

7月13日，广东省委常委、宣传部长傅华（前排左二）检查展览馆建设情况

3月23日，广东省委宣传部常务副部长郑雁雄（左四）检查展览馆建设情况

8月1日，广东省委宣传部巡视员、省文明办主任顾作义（前排右二）检查展览馆建设情况

8 月 11 日，中共中央宣传部宣教局局长常勃（前排右）检查展览馆建设情况

9 月 19 日，深圳市委常委、宣传部长李小甘（前排右三），副市长吴以环（前排右二）检查展览馆建设情况

脚本论证、深化及审改
Script Argumentation, Modification and Revision

在广东省委宣传部组织省委党史研究室、省社科联等单位编写的展览大纲基础上，深圳博物馆成立脚本深化组，在省委宣传部指导下深化展览大纲。多次召开专家座谈会、审改会，中央党校、中宣部理论局、中央党史和文献研究院以及广东省社科院、省社科联、省委党史研究室、省委党校、省地方志办等20多个单位参加论证和审改。经过反复推敲，展览大纲和脚本进行了10多次重要修改完善，共形成17稿，累计成果超过271.5万字，为展览打下坚实的内容基础。

5月14日，《大潮起珠江——广东改革开放40周年展览大纲》征求意见座谈会在北京举行

4月3~4日，广东省委宣传部组织在深圳博物馆召开展览大纲深化会议

7月，脚本深化组在广州参加脚本审改

全17稿（共23本）展览大纲和脚本

成立现场指挥部
Establishment of the Site Headquarters

6～7月，按照广东省、深圳市部署，为便于靠前组织协调、提高工作效率，迅速解决建设中的具体问题，深圳改革开放展览馆深圳市筹备工作领导小组成立现场指挥部，下设5个专项工作组。深圳博物馆馆长叶杨任执行副指挥长，抽调100多名工作人员为专项工作组成员。现场指挥部建立工作会议制度，高效率决策，全面推进建设进度。6月起，工作进展每日一报。

召开筹备动员会议

现场指挥部工作简报

现场推进会

现场协调会

周例会

设计工作协调会

投资专题协调会

消防改造专题会

展厅现场工作会

版式图审改会

开馆工作协调会

外出调研 Surveys

　　为将展览办好、办出彩，开展了大量外出调研工作，参考和借鉴先进办展经验，保证展览的内容质量和建设进度。

调研"海南建省办经济特区 30 周年成就展"

调研机器人展品

调研珠三角工匠精神展示馆

调研背景油画布制作进度

调研中英街历史博物馆

现场建设 On-site Construction

展览大纲深化组专家调研展厅

知名设计师洪麦恩先生（前排右二）现场研究策展工作

搭建展墙骨架

深圳市住建局检查安全生产

搭建中英街场景

"华龙一号"主控室进场组装

展墙基本完成

设计、修改版式图

安装多媒体设备

搭建放映厅

安装广东 21 个城市剪影

安装硅胶人

检查新媒体艺术长卷播放效果

实地检查修改展览版面

布展

开馆演练

陈列布展工程验收

资产验收

实物展品征集 Exhibits Collecting

　　深圳博物馆组建了 36 人的改革开放藏品征集保管团队，分为 5 个征集小组，跑遍全省各地市和省属有关部门，征集到各类实物、照片、文件、音视频等 1.7 万余件组。完成 139 批次 2899 件套实物藏品的登账工作以及照片、文件、音视频的整理。

参加广东改革开放藏品征集工作交流会

中国广核集团捐赠改革开放藏品

赴广东革命历史博物馆征集改革开放藏品

赴广药集团商谈征集改革开放藏品事宜

赴深圳居民家里征集改革开放藏品

赴汕头市汕樟轻工股份有限公司参加凹版印刷机捐赠仪式

赴广东海上丝绸之路博物馆借展"南海Ⅰ号"文物

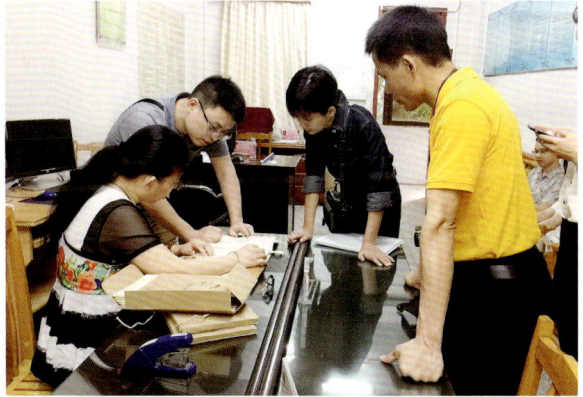

赴韶关征集改革开放藏品

赴云浮征集改革开放藏品

赴茂名征集广东改革开放藏品

赴揭阳征集改革开放初期制衣设备

赴江门运输改革开放藏品

讲解员招募与培训 Recruitment and Training of Interpreters

　　从全国各地选拔招募 10 多名讲解员。组织北京、上海、广州、深圳等地专家开设培训班，对我馆讲解员及省内各文博单位骨干讲解员进行系统培训，提升讲解水平。

选拔招募讲解员

举办深圳改革开放展览馆讲解员培训班

专家为讲解员讲授改革开放史

邀请中国人民革命军事博物馆解说队队长林燕燕为讲解员授课

大潮起珠江——广东改革开放 40 周年展览
Great Tides Surge Along the Pearl River: 40 Years of Reform and Opening-up in Guangdong

　　展览全面展示广东改革开放 40 年的峥嵘岁月，生动再现广东改革开放重大决策、重大突破的壮阔历程，深入反映改革开放 40 年来广东经济社会发展的丰硕成果。展览分为三个单元："敢为人先 勇立潮头（1978～1992）""增创优势 砥砺前行（1992～2012）""走在前列 当好窗口（2012～2018）"。各单元之间以改革开放历史演进为逻辑主线，以党中央在不同阶段对广东的定位和赋予的使命为阶段主要特征，反映广东改革开放一脉相承、不断深化的过程。

展标

序厅

第一部分"敢为人先 勇立潮头"

"调研解决逃港风潮"展区

"大刀阔斧 拨乱反正"展区和1979年深圳"三来一补"
企业打毛机

"创办经济特区"展区

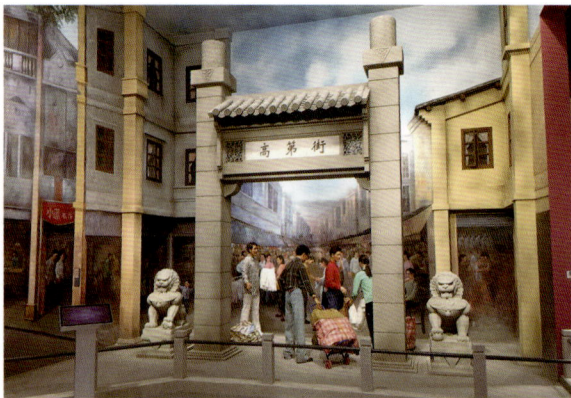

"20世纪80年代广州高第街"场景

"20世纪80年代广东地区购物商场的一角"场景

"城乡经济体制改革风起云涌"展区

"20世纪80年代广东制衣工厂生产车间" 场景

"解放思想 更新观念"展区、"蛇口工业区'时间就是金钱,效率就是生命'标语牌和匆忙骑自行车上班的人群"场景

第二部分"增创优势 砥砺前行"

"围绕建立社会主义市场经济体制深化改革"展区

"优化产业结构"展区

"实施'三大战略',增创'四大新优势'"展区

"实施科教兴粤战略"展区

"加快产业转型升级"展区

"提升文化软实力"和"建设绿色广东"展区

"龙舟竞渡"场景

第三部分"走在前列 当好窗口"

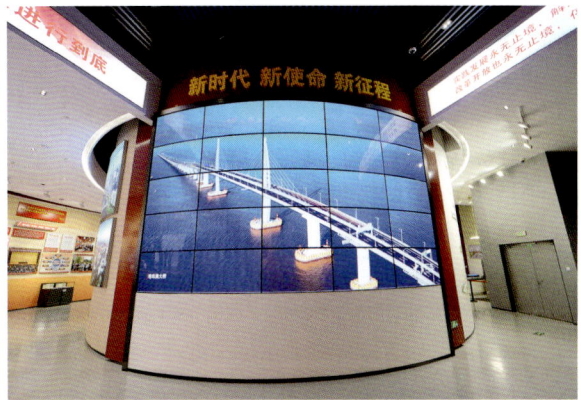

OLED 曲面屏视频《大美广东》

"推动基层探索构建高质量发展体制机制"展区

270 度沉浸式体验"走进广深"

"建设科技创新强省"展区

"无人工厂"场景

"建设粤港澳大湾区"展厅

68 米新媒体艺术长卷

"实施乡村振兴战略"展厅

"努力把各级党组织锻造得更加坚强有力"展区

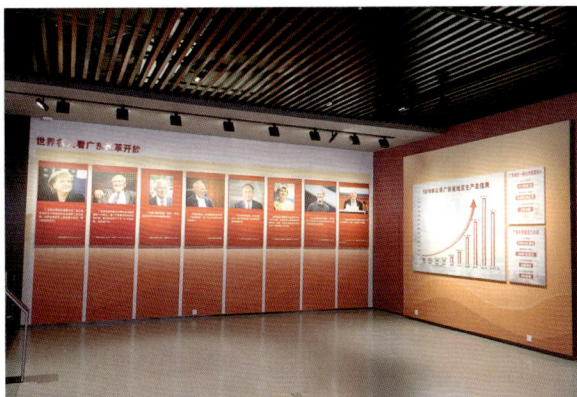

"世界名人看广东改革开放"展区

"闻鸡起舞、日夜兼程,奋力实现'四个走在全国前列'、
当好'两个重要窗口'"展区

尾厅

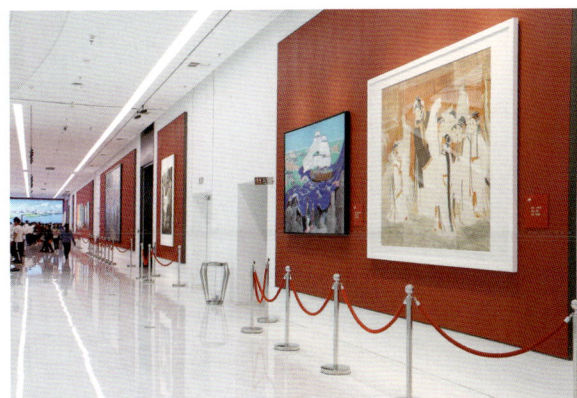

五楼艺术品长廊

四楼艺术品长廊

重要展品 Important Exhibits

龙骨水车

圭峰-10型手扶拖拉机

1987年深圳土地有偿使用拍卖槌

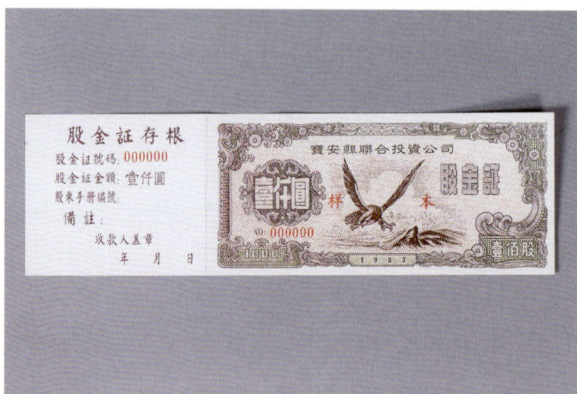

"深宝安"股票

改革开放初期广东乡镇企业制衣设备

信宜大田顶骨干转播台设备

我国第一台自行设计制造的组合式凹版印刷机

虎门大桥模型

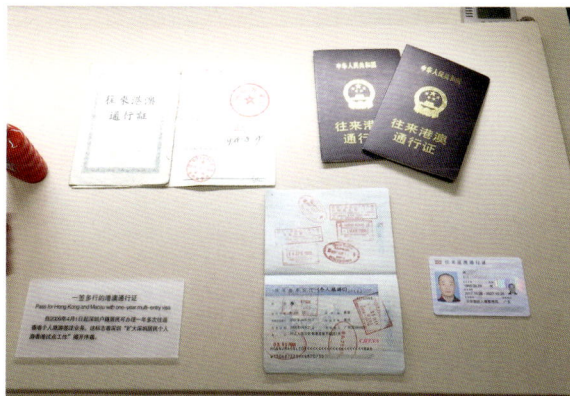

历代往来港澳通行证

"蓝鲸一号"钻井平台模型

全球最大水陆两栖飞机"鲲龙"AG600 模型

优必选机器人

仿宋古船模和"南海Ⅰ号"出水文物

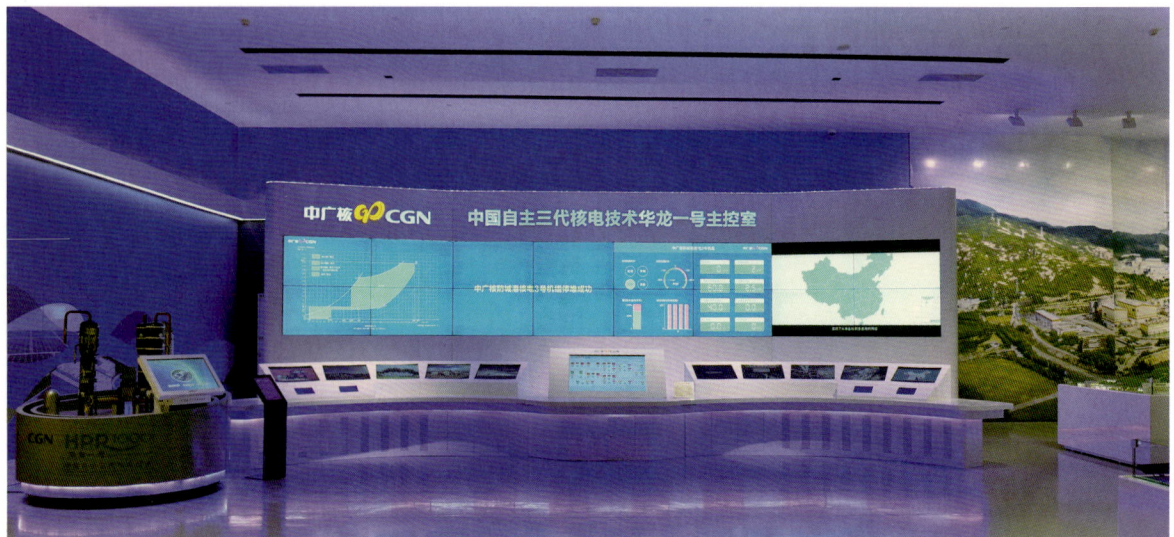

"华龙一号"主控室和模型

港珠澳大桥模型

开通首日的广深港高铁车票

开放情况 Opening to the Public

截至 2018 年 12 月 31 日，深圳改革开放展览馆接待参观团队 1143 批次、57972 人，累计接待观众 227907 人次。

重要来宾 Important Guests

由香港特别行政区行政长官林郑月娥（前排左三）任团长、香港中联办主任王志民（前排右三）任荣誉顾问的香港各界庆祝国家改革开放 40 周年访问团参观展览

中国人民解放军南部战区司令员袁誉柏中将（前排左一）一行参观展览

香港中联办原主任高祀仁（前排右三）一行参观展览

河北省委书记王东峰（前排右二）带队的河北省党政代表团参观展览

山西省委书记骆惠宁（前排左二）一行参观展览

青海省委书记王建军（前排左二）一行参观展览

广东省委常委、深圳市委书记王伟中（前排中），市长陈如桂，市人大常委会主任丘海，市政协主席戴北方等参观展览

广东省委常委、广州市委书记张硕辅（前排中），市长温国辉，市人大常委会主任陈建华等参观展览

广东省政协主席、党组书记王荣（前排左二）一行参观展览

国家文物局局长刘玉珠（左三）参观展览

中国国家博物馆馆长王春法（右三）参观展览

中国博协城市博物馆专委会嘉宾参观展览

联合国贵宾团参观展览

俄罗斯内务部一行参观展览

外国驻穗领团一行参观展览

俄罗斯记者团参观展览

观众参观 Public Visitors

开馆首日，观众排队等候入场参观

观看序厅影片

讲解员为观众讲解

观众参观热情高涨

观 众 参 观

排队体验互动项目

观 众 参 观

观众留言 Visitors' Comments

非常荣幸在三十而立之际来到
深圳发展，看完广东改革开放40周年
展览，心潮澎湃，祝愿伟大祖国
越来越强盛，祝愿广东、深圳越来
越美好！

　　　　　　李水伟
　　　　　　2018.11.17

同心同行
共谋發展

香港特别行政区
行政長官林鄭月娥
2018年11月10日

广东改革开放40年，石破天惊，举世
瞩目，愿祖国更加繁荣昌盛，我爱
你中国，祖国万岁！

　　　　　　林丽丽
　　　　　　2018.12.08

第一次来深圳，献给了此次改革开放
40周年展览。曾经"改革开放"于我脑海
中只是一个词，现让我更深地体会到，
改革开放是人民生活与国家发展。此次的
展览中的某些装置与设计，更让我受益匪浅。
更让我反思：作为一名艺术设计者应如何
更好地为人民，为国家服务。

感谢此次展览！

　　　　　　　　2018.11.20

参观"大潮起珠江"
心潮起伏！
作为深圳的一名教师，
为我国的四十多年也感
到沧海横流！感佩！

　　　　2018年十一月十一日.

1992年来深圳，已经26个
年头了，26年来，见证了深圳
飞速发展的奇迹，深刻
体会到，改革开放的政策
的正确性，希望深圳继
续沿着改革开放的道路永
远走下去！做中国改革开放
的排头兵！
　　　　2018年12月

深为祖国改革开放
的成就而自豪！
愿祖国在经济、政治、
文化等各领域继续
走在世界前列！

留澳学侨
林文强
2018.12.07

四十年辉煌九十风
鹏正乘九代人奋斗
百年梦想已来生

戊戌年冬

媒体报道　Media Coverage

电视报道 TV Coverage

深圳卫视：大潮起珠江——广东改革开放40周年展览　聆听时间故事　感受沧桑巨变

广东卫视："大潮起珠江——广东改革开放40周年展览"今起面向公众开放

CCTV4：《国宝档案》大潮起珠江——音乐茶座的新鲜事儿

西藏卫视：自治区党政代表团在广东省回访考察学习

TVS1：广东改革开放40周年展览："大潮起珠江"见证精神文化生活发展

深圳卫视：广东改革开放40周年展览50天接待近20万观众

深圳改革开放展览馆 2018 年电视及新媒体报道一览表

序号	时间	媒体	标题
1	10 月 24 日	央视新闻	习近平在深圳考察 参观大潮起珠江
2	10 月 24 日	南方网	习近平在深圳考察
3	10 月 25 日	央视网	习近平在广东考察时强调 高举新时代改革开放旗帜 把改革开放不断推向深入
4	10 月 31 日	南方+	浓缩 40 年的峥嵘岁月！带你独家探营广东改革开放 40 周年展览
5	11 月 1 日	南方网	改革开放初期，来粤打工者的日常生活用品，你用过吗?
6	11 月 1 日	南方网	展馆带你重温 80 年代，广东如何"先走一步"！
7	11 月 1 日	南方网	看过来！"大潮起珠江——广东改革开放 40 周年展览"有什么?
8	11 月 2 日	深圳商报	探营"大潮起珠江——广东改革开放 40 周年展览"
9	11 月 2 日	深圳晚报	"大潮起珠江——广东改革开放 40 周年展览"11 月 8 日开放
10	11 月 2 日	深圳新闻网	"大潮起珠江——广东改革开放 40 周年展览"11 月 8 日起向公众开放
11	11 月 2 日	深圳新闻网	"大潮起珠江——广东改革开放 40 周年展览"即将向公众开放
12	11 月 4 日	广东卫视	广东新闻联播
13	11 月 4 日	深视新闻	大潮起珠江——广东改革开放 40 周年展览 聆听时间故事 感受沧桑巨变
14	11 月 7 日	深圳特区报	"大潮起珠江——广东改革开放 40 周年展览"处处洋溢科技范
15	11 月 8 日	央视网 广东新闻联播	"大潮起珠江——广东改革开放 40 周年展览"今起面向公众开放
16	11 月 8 日	读特	"大潮起珠江——广东改革开放 40 周年展览"展出 19 幅美术作品
17	11 月 8 日	广东广播电视台 荔枝网	"广东改革开放 40 周年展览"今起面向公众开放
18	11 月 9 日	深圳新闻网	"大潮起珠江——广东改革开放四十周年展览"迎来首个公众开放日
19	11 月 10 日	深视新闻	香港各界庆祝国家改革开放 40 周年访问团到访深圳
20	11 月 10 日	深视新闻	深港同舟：改革开放再出发
21	11 月 10 日	深视新闻	"大潮起珠江－广东改革开放 40 周年展览"周末迎市民观展潮

序号	时间	媒体	标题
22	11月12日	深视新闻	王伟中陈如桂等集体参观广东改革开放40周年展览
23	11月12日	深圳新闻网	VR带你看"大潮起珠江——广东改革开放40周年展览"
24	11月12日	广东广播电视台 荔枝网	"大潮起珠江-广东改革开放40周年展览"周末迎市民观展潮
25	11月13日	深圳新闻网	河北省党政代表团来深考察交流
26	11月13日	河北新闻联播	河北省党政代表团考察广东
27	11月14日	南方网	广东改革开放40周年展览处处体现艺术性
28	11月14日	深圳新闻网	大潮起珠江！人大代表参观广东改革开放40周年展览
29	11月14日	深视新闻	学习贯彻落实习近平总书记重要讲话精神 陆建新：做坚持技术创新的先锋
30	11月14日	TVS1经济科教	壮阔东方潮 奋进新时代
31	11月15日	TVS1经济科教	壮阔东方潮 奋进新时代
32	11月16日	TVS1经济科教	壮阔东方潮 奋进新时代
33	11月16日	中青在线	大潮起珠江
34	11月17日	央视网	广东省军区组织官兵参观"大潮起珠江——广东改革开放40周年展览"
35	11月17日	央视网	"大潮起珠江——广东改革开放40周年展览"记录40载生活变迁
36	11月17日	TVS1经济科教	壮阔东方潮 奋进新时代
37	11月18日	广东卫视	广东新闻联播
38	11月18日	央视网	"大潮起珠江——广东改革开放40周年展览"见证百姓精神文化生活发展变迁
39	11月18日	TVS1经济科教	壮阔东方潮 奋进新时代
40	11月18日	TVS1经济科教	广东改革开放40周年展览："大潮起珠江"见证精神文化生活发展
41	11月19日	广东广播电视台 荔枝网	鲁毅 朱伟率队赴深圳参观"大潮起珠江-广东改革开放40周年展览"
42	11月20日	深视新闻	百名劳模来深参观考察改革开放40周年成果
43	11月21日	深视新闻	大潮起珠江·深圳改革故事 土地拍卖"第一槌"惊天动地
44	11月24日	广东卫视	广东新闻联播
45	11月24日	央视网	"大潮起珠江——增创优势、砥砺前行"见证广东改革开放事业急流勇进 科学发展

序号	时间	媒体	标题
46	11 月 25 日	央视网	[广东新闻联播]"大潮起珠江——增创优势、砥砺前行"见证广东经济腾飞发展
47	11 月 25 日	珠江新闻眼	"大潮起珠江——增创优势、砥砺前行"见证广东经济腾飞发展
48	11 月 25 日	深视新闻	大潮起珠江·深圳改革开放故事 敢为天下先 深交所开创证券集中交易先河
49	11 月 26 日	深视新闻	大潮起珠江·深圳改革开放故事 移山填海拓荒筑城 基建工程兵平地起高楼
50	11 月 26 日	CCTV4 中文国际频道	《国宝档案》大潮起珠江——粮票的故事
51	11 月 27 日	深视新闻	大潮起珠江·深圳改革开放故事 "三天一层楼"的"深圳速度"
52	11 月 27 日	CCTV4 中文国际频道	《国宝档案》大潮起珠江——外汇往事
53	11 月 28 日	深视新闻	大潮起珠江·深圳改革开放故事 "三来一补"企业的起飞与转型
54	11 月 30 日	深视新闻	大潮起珠江·深圳改革开放故事 "二线关"成历史 一体化在提速
55	12 月 2 日	读创深圳	这个深圳最红展览,你打卡了吗?
56	12 月 2 日	山西新闻联播	山西省委书记骆惠宁率山西党政代表团赴广东学习考察
57	12 月 3 日	青海新闻联播	青海省党政代表团赴广东学习考察
58	12 月 3 日	深视新闻	青海省党政代表团来粤考察交流
59	12 月 3 日	深视新闻	大潮起珠江·深圳改革开放故事 深圳创新企业亮出"科技名片"
60	12 月 4 日	深视新闻	大潮起珠江·深圳改革开放故事 地标变迁:传承特区精神"建"证深圳成长
61	12 月 5 日	深视新闻	大潮起珠江·深圳改革开放故事 蛇口开山炮:改革开放第一声春雷
62	12 月 9 日	深视新闻	大潮起珠江·深圳改革开放故事 全国第一个农批市场 市场化改革破解"菜篮子"问题
63	12 月 10 日	深视新闻	庆祝改革开放 40 周年系列述评之一 深圳:中国特色社会主义的精彩范例
64	12 月 13 日	广东新闻联播	王岐山在广东调研时强调 建设好粤港澳大湾区 谱写新时代改革开放新篇章
65	12 月 13 日	深视新闻	王岐山在广东调研时强调 建设好粤港澳大湾区 谱写新时代改革开放新篇章

序号	时间	媒体	标题
66	12月13日	CCTV4中文国际频道	《国宝档案》大潮起珠江——股市开市的钟声
67	12月15日	CCTV4中文国际频道	《国宝档案》大潮起珠江——音乐茶座的新鲜事儿
68	12月17日	广东新闻联播	李希马兴瑞李玉妹王荣等参观"大潮起珠江——广东改革开放40周年展览"
69	12月17日	深视新闻	中国第一代"打工妹"翁纯贤的深圳故事 改革开放改变了我的一生
70	12月17日	深视新闻	李希 马兴瑞 李玉妹 王荣 王伟中等省领导参观"大潮起珠江—广东改革开放40周年展览"
71	12月18日	西藏新闻联播	自治区党政代表团在广东省回访考察学习
72	12月19日	国家文物局官方微信	大潮起珠江——广东改革开放40周年展览
73	12月24日	深视新闻	大潮起珠江·深圳改革开放故事"穿"越四十年看深圳"时尚之都"进化史
74	12月27日	深视新闻	余治国观察 历史经验的总结 奋力前行的昭示
75	12月28日	深视新闻	广东改革开放40周年展览50天接待近20万观众
76	12月29日	深视新闻	时间之外——2018就要过去了，这有一封温暖的信要读给你听
77	12月30日	深视新闻	时间之外Ⅱ——在离家最远的地方开始想家
78	12月31日	深视新闻	时间之外VOL3—— 在2018的最后一晚，拆开一封信

报纸报道 Newspaper Reports

11月2日《南方日报》

11月2日《深圳特区报》

12月9日《中国文物报》

06 大都会

大潮起珠江 广东改革开放40周年展览

时间：11月8日起 坐标：深圳改革开放展览馆
展名：大潮起珠江——广东改革开放40周年展览

改革开放40年
广东变化有多大
这个展览告诉你

11 月 2 日《南方都市报》

今日关注

“大潮起珠江——广东改革开放40周年展览”昨向媒体开放

全景展示广东改革开放40年伟大成就

“大潮起珠江——广东改革开放40周年展览”插上科技翅膀

四十载沧桑巨变栩栩如生
千百幅南粤美景近在眼前

展览11月8日起面向公众开放

11 月 2 日《深圳商报》

要闻

一馆尽览广东40年

深圳改革开放展览馆“大潮起珠江——广东改革开放40周年展览”下周四正式开放

11 月 2 日《羊城晚报》

大潮起珠江 广东改革开放40周年展览

05 置顶

在这里 重温广东改革开放40年

“大潮起珠江——广东改革开放40周年展览”11月8日起免费向公众开放

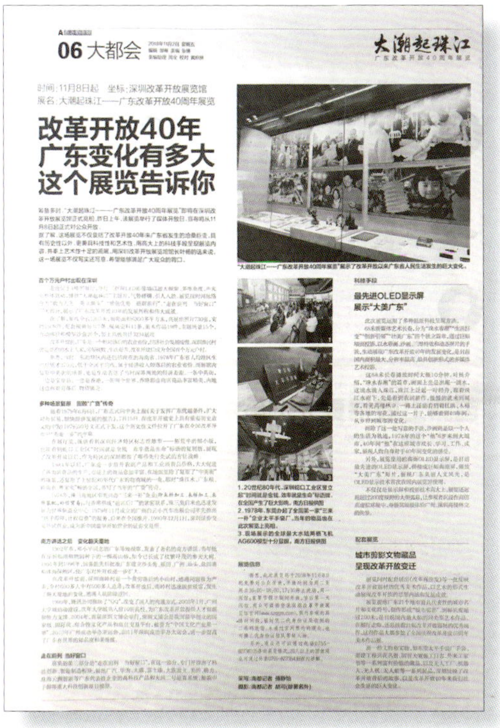

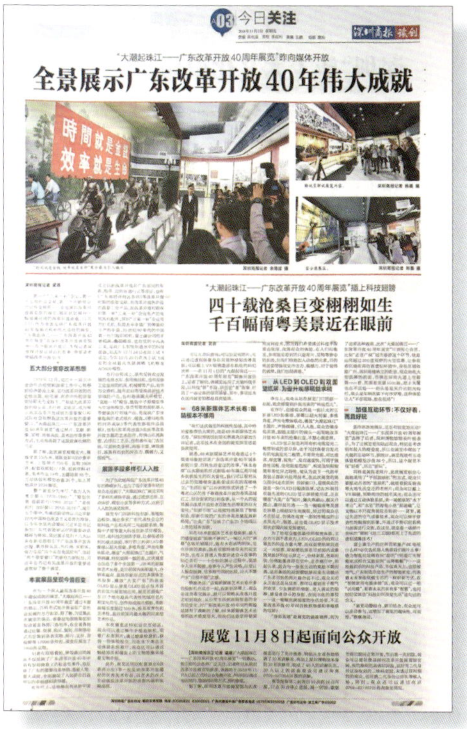

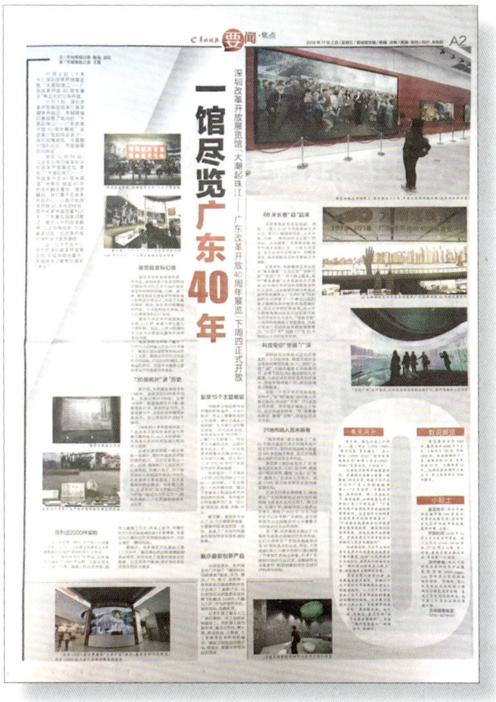

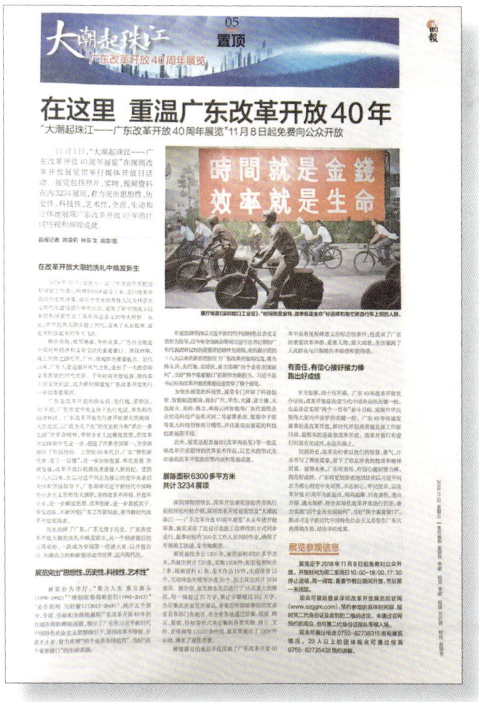

11 月 2 日《晶报》

11 月 2 日《深圳晚报》

11 月 9 日《南方日报》

11 月 9 日《深圳晚报》

11 月 9 日《深圳商报》

11 月 9 日《深圳特区报》

11 月 16 日《深圳晚报》

深圳改革开放展览馆 2018 年报纸报道一览表

序号	时间	报纸	版面	标题
1	10 月 26 日	人民日报	封面（配图）	习近平在广东考察时强调——高举新时代改革开放旗帜 把改革开放不断推向深入
2	10 月 26 日	南方日报	A01	习近平在广东考察时强调——高举新时代改革开放旗帜 把改革开放不断推向深入
3	10 月 26 日	南方日报	A04	习近平在广东考察·足迹
4	10 月 26 日	南方日报	A07	敢闯敢试，不断将改革开放进行到底
5	10 月 26 日	深圳特区报	A2	习近平在广东考察时强调——高举新时代改革开放旗帜 把改革开放不断推向深入
6	10 月 26 日	深圳特区报	A9	学习贯彻落实习近平总书记重要讲话精神
7	10 月 26 日	深圳晚报	3	习近平在广东考察时强调——高举新时代改革开放旗帜 把改革开放不断推向深入
8	10 月 26 日	深圳商报	A02	习近平在广东考察时强调——高举新时代改革开放旗帜 把改革开放不断推向深入
9	10 月 26 日	晶报	4	习近平在广东考察时强调——高举新时代改革开放旗帜 把改革开放不断推向深入
10	10 月 26 日	ShenZhen Daily	1	Xi Stresses Deepening Reform Opening-up in New Era
11	10 月 30 日	深圳特区报	A5	学习贯彻落实习近平总书记重要讲话精神
12	10 月 30 日	晶报	2	"既然是越走越好，为什么不继续走下去呢？"
13	10 月 31 日	深圳特区报	A5	学习贯彻落实习近平总书记重要讲话精神（大潮起珠江专访 1）
14	11 月 1 日	深圳特区报	A5	学习贯彻落实习近平总书记重要讲话精神（大潮起珠江专访 2）
15	11 月 1 日	晶报	2	"下一个 40 年的中国 定当有让世界刮目相看的新成就！"
16	11 月 2 日	南方日报	A07	在这里看珠江潮起 40 年
17	11 月 2 日	南方都市报	A06	改革开放 40 年广东变化有多大 这个展览告诉你
18	11 月 2 日	晶报	5	在这里 重温广东改革开放 40 年
19	11 月 2 日	深圳晚报	4	"大潮起珠江——广东改革开放 40 周年展览"

序号	时间	报纸	版面	标题
20	11月2日	深圳商报	A03	全景展示广东改革开放40年伟大成就
21	11月2日	羊城晚报	A2	一馆尽览广东40年
22	11月2日	深圳特区报	A6	全景展示广东改革开放40年伟大成就
23	11月7日	深圳特区报	A12	宣传海报
24	11月7日	深圳商报	A04	宣传海报
25	11月7日	深圳晚报	3	宣传海报
26	11月7日	晶报	16	宣传海报
27	11月8日	南方日报	A11	"大潮起珠江——广东改革开放40周年展览"今起对公众免费开放 带你感受展览科技范儿
28	11月9日	南方日报	A07	改革开放大潮起珠江昨日正式开放,吸引众多不同年龄段观众入场 70后在这里看到故事 80后在这里唤起回忆 90后在这里了解历史
29	11月9日	深圳特区报	封面	"大潮起珠江——广东改革开放40周年展览"迎来首个公众开放日,观众由衷感慨:为改革开放的巨大成就感到自豪
30	11月9日	深圳特区报	A3	8分钟展现广东改革开放40年巨变
31	11月9日	南方都市报	A08	穿越时空历史再现 一展看遍40年
32	11月9日	晶报	3	"大潮起珠江——广东改革开放40周年展览"昨日起正式向公众开放
33	11月9日	深圳晚报	4	1305米展线再现改革开放40年历程
34	11月9日	深圳商报	A02	难忘今昔巨变 感恩改革开放
35	11月9日	深圳都市报	2	"为改革开放的巨大成就感到自豪"
36	11月12日	羊城晚报	A7	手抄报"小主人"同看"大潮起珠江"
37	11月13日	深圳特区报	A3	深圳元素在"大潮起珠江——广东改革开放40周年展览"中闪耀 特区足迹见证改革开放壮阔历程
38	11月14日	南方日报	A05	油画、版画、中国画、手绘剪影、图文展板...广东改革开放40周年展览处处体现艺术性 笔墨淡彩之间 过去的时光熠熠生辉

序号	时间	报纸	版面	标题
39	11月14日	深圳商报	A02	"大潮起珠江"展览现国内面积最大、分辨率最高投影技术 68米新媒体艺术长卷高科技演绎人文情怀
40	11月16日	深圳晚报	9	"大潮起珠江——广东改革开放40周年展览"对公众开放两周 七大"场景秀"真实再现历史样貌
41	11月21日	深圳特区报	A5	百名劳模代表参观广东改革开放40周年展览
42	11月22日	深圳特区报	A3	"伟大的变革——庆祝改革开放40周年大型展览"闪耀深圳元素 深圳改革开放实践成就令人震撼
43	11月23日	深圳特区报	A3	深圳元素在"大潮起珠江——广东改革开放40周年展览"中闪耀 特区足迹见证改革开放壮阔历程
44	11月27日	南方日报	特09	特区38周年，无数标语口号成就深圳气质 从"时间就是金钱"到"来了就是深圳人"
45	11月30日	ShenZhen Daily	9	Museum of Reform and Opening-up
46	11月30日	深圳特区报	A3	重温激情岁月 汲取前行力量
47	12月1日	晶报	2	深圳报业集团员工参观"大潮起珠江——广东改革开放40周年展览"领略沧桑巨变 传递改革强音
48	12月3日	深圳晚报	A12	"百万市民看深圳"暨爱心与共幸福促进中心主题关爱月 深圳地下建设者走读"城市动脉"
49	12月3日	深圳特区报	A3	深圳报业集团员工参观"大潮起珠江——广东改革开放40周年展览"领略沧桑巨变 传递改革强音
50	12月3日	深圳特区报	A5	市民游客争先观展感叹时代之变生活之变 改革开放让老百姓的日子越过越精彩
51	12月3日	深圳商报	A03	深圳报业集团员工参观"大潮起珠江——广东改革开放40周年展览"领略沧桑巨变 传递改革强音
52	12月3日	深圳商报	A02	深圳最红展览，你打卡了吗

序号	时间	报纸	版面	标题
53	12月3日	南方日报	A03	一封信，折射特区小村40年巨变
54	12月7日	ShenZhen Daily	16	Exhibition Marking GD's 40 Years of Reform Opens
55	12月9口	深圳商报	封面	读者点赞"大潮起珠江"
56	12月16日	深圳商报	A02	浓缩深圳历史 再现发展奇迹
67	12月16日	广州日报	2	不忘初心 建功立业
58	12月18日	南方日报	封面	李希马兴瑞李玉妹王荣等参观"大潮起珠江——广东改革开放40周年展览"
59	12月18日	广州日报	封面	李希马兴瑞李玉妹王荣等参观"大潮起珠江——广东改革开放40周年展览"
60	12月18日	深圳特区报	封面	李希马兴瑞李玉妹王荣等参观"大潮起珠江——广东改革开放40周年展览"
61	12月18日	深圳商报	特版	创新创意 文化先锋
62	12月18日	晶报	T03	大潮起珠江照片
63	12月19日	中国文物报	6专版	大潮起珠江——广东改革开放40周年展览
64	12月19日	中国文物报	7	大潮起珠江——广东改革开放40周年展览
65	12月19日	深圳特区报	B2	"大潮起珠江"深圳弄潮儿
66	12月20日	南方日报	A10	经济改革领跑全国创造众多"第一"
67	12月20日	深圳特区报	A5	回望历史不忘初心 砥砺奋进引领未来
68	12月27日	ShenZhen Daily	2	Exhibition Popular among Residents
69	12月28日	深圳特区报	A4	对改革开放的认识更深信心更足

Forces o

自然的

洛杉矶郡艺术博物馆

Ancient Maya Arts from the Los A

展期：2018.08.24—2018.11.25
主办：深圳博物馆　湖北省博物馆　成都
鸣谢：　　中华人民共和国深圳海关

Nature

力量

古代玛雅艺术品

...les County Museum of Art

...址博物馆　美国洛杉矶郡艺术博物馆

展览陈列
Exhibitions

基本陈列　Permanent Exhibitions

古代深圳 Ancient Shenzhen

序厅

"海洋经济"展区

近代深圳 Modern Shenzhen

香港"秘密大营救"场景

序厅

深圳改革开放史 History of Shenzhen's Reform and Opening-up

序厅

国贸大厦建设场景

深圳民俗文化 Shenzhen Folk Culture

序厅

"鞭打土牛催春耕"场景

走进野生动物的情感世界——贝林先生捐赠世界野生动物标本展
Approaching the Emotional World of Animals: An Exhibition of World Wild Animals Specimen Donated by Mr.Behring

序厅

沙漠动物展区

叶挺将军与深圳 General Ye Ting and Shenzhen

序厅

展厅

"深圳改革开放史"展览改造
Upgrading the Exhibition of History of Shenzhen's Reform and Opening-up

　　召开多次专家论证会，完成"深圳改革开放史"展览大纲撰写修改工作。新修订的展览大纲通过专家评审并报审，为展览的更新改造奠定基础。

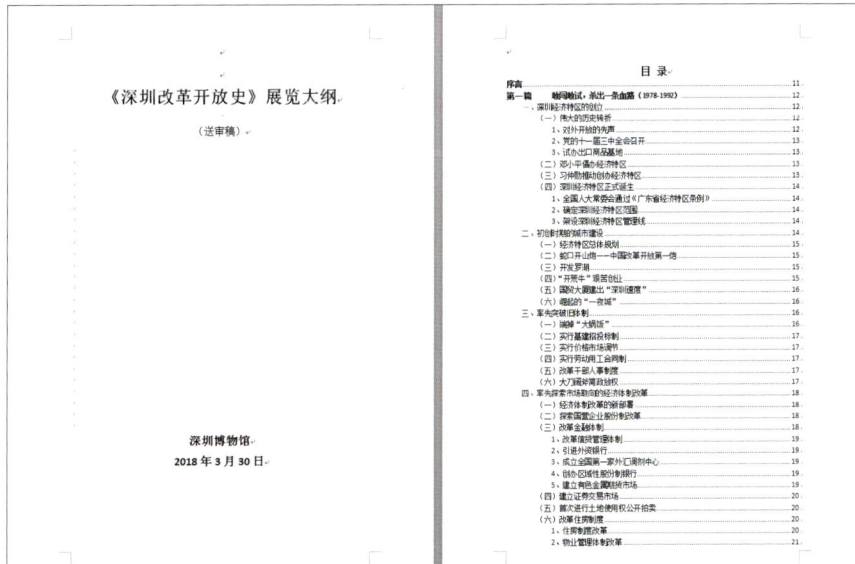

展览大纲（送审稿）

展览大纲专家论证会

筹办"深圳旧墟历史展"

Preparing the Exhibtion of History of Shenzhen's Traditional Markets

　　5月~11月,研究人员先后赴盐田墟、坪山墟、松岗墟、清平墟、布吉墟等深圳十余个旧墟调研考察,搜集资料。

调研坪山墟

调研布吉墟

专题展览　Special Exhibitions

不忘初心 弘扬工匠精神——深圳市 2018 年迎春烙画艺术展
Remain True to the Original Aspiration and Carrying Forward the Spirit of Craftsman: Shenzhen Pyrography Art Exhibition in the Spring of 2018

展览时间：2018 年 2 月 13 ~ 21 日

展览地点：深圳博物馆历史民俗馆

展览由深圳博物馆、深圳市烙画艺术协会主办，展出深圳市烙画艺术协会艺术家创作的 20 多幅烙画艺术精品。旨在让市民观众近距离欣赏烙画艺术的魅力与精彩，了解其在深圳的创新和发展。

展览现场

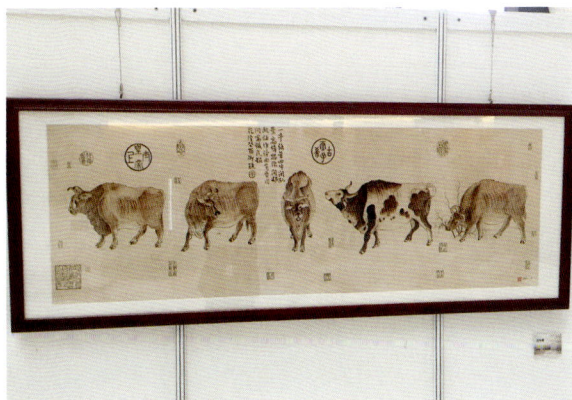
展品

展板

丛林宝贝与毒瘤——深圳植物科普展
Treasures and Cancers in Jungles: Plants in Shenzhen

展览时间：2018 年 3 月 13 日 ~ 4 月 22 日

展览地点：深圳博物馆历史民俗馆

　　展览由深圳博物馆、深圳市环境监测中心站和深圳市仙湖植物园管理处共同举办，分为"珍稀濒危植物""野果植物""有毒植物"和"入侵植物"4 个部分，展出 100 多件深圳地区的植物标本和部分活体植物。旨在向观众普及植物知识，宣传植物与人类关系的密切性和重要性，提高人们的环保意识。

展览现场

展品

展板

合中西于一冶——安徽博物院藏潘玉良绘画艺术精品展
Intergradation of Eastern and Western Art: Selected Art Works of Pan Yuliang in Anhui Museum

展览时间：2018 年 4 月 20 日 ~ 7 月 22 日

展览地点：深圳博物馆历史民俗馆

展览由深圳博物馆联合安徽博物院共同举办，分为"油画""彩墨画""白描与版画"3 个单元，展出画家潘玉良的油画、彩墨画、白描等画作 110 件（组）。其作品富有强烈的民族特色和明快的时代气息，赋色浓艳，别具一格，体现了"合中西于一冶"的独特绘画风格。

序厅

展厅

展品

传承之道——深圳博物馆藏经部古籍善本展

The Way of Inheritance: Ancient Rare Books of Classics in the Collection of Shenzhen Museum

展览时间：2018 年 4 月 27 日～ 6 月 10 日

展览地点：深圳博物馆历史民俗馆

展览遴选深圳博物馆馆藏精品古籍 54 件（套），分为"古籍与经""经部十类""圣人言行" 3 个单元，时代由宋代至民国近千年之久，记载和证实了中华文明绵延不绝的历史，传承中华优秀文化蕴含的人文精神和道德规范。

序厅

展柜

展品

百廿北大 燕筑鹏城——北京大学发展成就展

120-Year-Old Peking University and Its Development in Shenzhen: Achievements Exhibition of Peking University

展览时间：2018 年 5 月 3 日～23 日

展览地点：深圳博物馆历史民俗馆

展览由北京大学校史馆、北京大学党委宣传部主办，深圳博物馆与北京大学深圳研究生院、北京大学深圳校友会联合承办，回顾了北京大学自 1898 年建立京师大学堂至今的沧桑历程与辉煌成就，并从多方面介绍了北京大学深圳研究生院 17 年的发展历程。

展标

开幕式

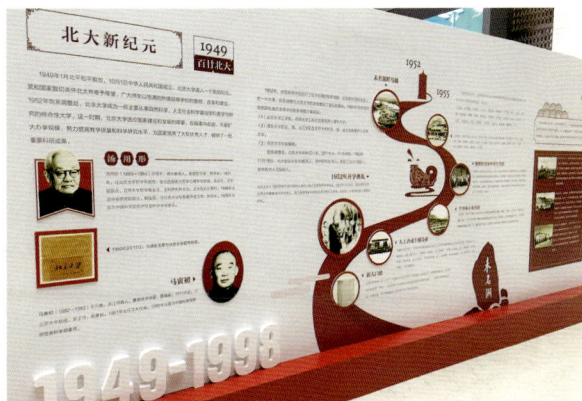

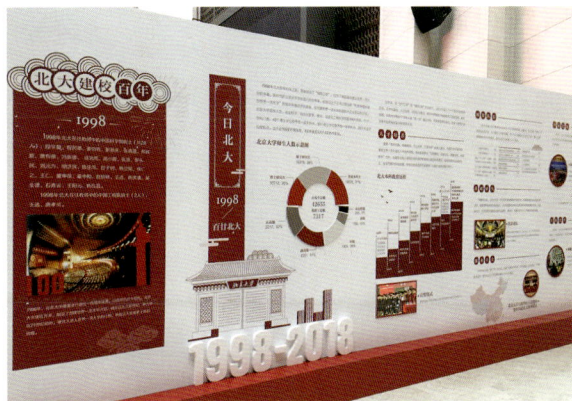
展板

广东改革开放 40 周年成就展
Guangdong's Achievements in 40 Years' Reform and Opening-up

展览时间：2018 年 5 月 26 ~ 28 日

展览地点：深圳华侨城洲际大酒店

　　配合中国共产党与世界政党高层对话会专题会议，由中共广东省委外事工作领导小组办公室、广东省人民政府新闻办公室主办，深圳博物馆协办的"广东改革开放 40 周年成就展"同步展出。展览分为"历程篇"和"成就篇"两个部分，全面展示广东改革开放 40 年的发展历程和辉煌成就。

展标

展览现场

海洋宫殿——珊瑚礁科普展
Ocean Palace: Coral Reef Exhibition

展览时间：2018 年 6 月 22 日 ~ 8 月 26 日

展览地点：深圳博物馆历史民俗馆

　　展览由深圳博物馆、海南三亚国家级珊瑚礁自然保护区管理处、广东海洋大学深圳研究院联合举办，分为"神奇工匠""神秘宫殿""奇妙都市"和"濒危遗产"4 个单元，展出 100 多件海洋生物标本，全面介绍珊瑚礁这一古老神秘的海洋生态系统，旨在提升公众的海洋环保意识。

展标

活体展示

展品

物华天宝——辽宁朝阳北塔出土文物精品展

Treasure from Buddha: Liao Dynasty and Earlier Archeological Discoveries from The North Pagoda in Chaoyang, Liaoning

展览时间：2018 年 6 月 29 日 ~ 10 月 7 日

展览地点：深圳博物馆历史民俗馆

　　展览由深圳博物馆联合朝阳市北塔博物馆共同举办，分为"朝阳北塔的历史变迁"与"辽代佛塔的供养世界"两个单元，展出朝阳北塔出土的三燕至辽金时期文物 140 件（组）。展览既讲述了朝阳北塔"五世同堂"的独特历史，也展示了辽代密教文物精品的历史与艺术价值，揭示了文物所蕴含的丰富社会生活与文化互动信息。

展标

展厅

展品

自然的力量——洛杉矶郡艺术博物馆藏古代玛雅艺术品

Forces of Nature: Ancient Maya Arts from the Los Angeles County Museum of Art

展览时间：2018 年 8 月 24 日 ~ 11 月 25 日

展览地点：深圳博物馆历史民俗馆

展览由深圳博物馆联合湖北省博物馆、成都金沙遗址博物馆共同从美国洛杉矶郡艺术博物馆引进，是我馆举办的首个玛雅文明特展，也是我馆第二次从美国洛杉矶郡艺术博物馆引进的重量级展览。展览通过 200 多件玛雅古代文物，展示古代玛雅人对宇宙、自然和生命的思考，全面反映古代玛雅人的精神信仰世界。

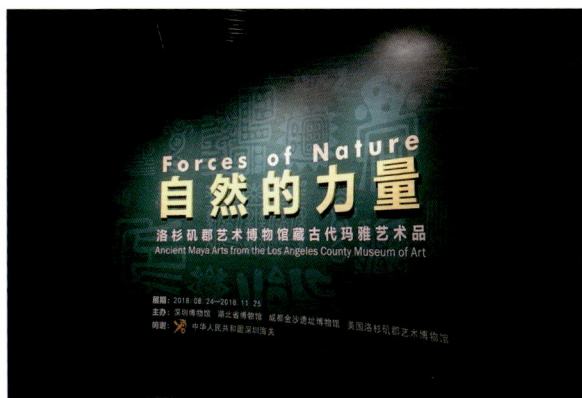

展标

展厅

展品

煌煌 · 巨唐——七至九世纪的唐代物质与器用

The Brilliant and Great Tang Dynasty: Substances and Utensils in the Tang Dynasty from the 7th to 9th Century

展览时间：2018 年 11 月 8 日～ 2019 年 4 月 7 日

展览地点：深圳博物馆历史民俗馆

　　展览由深圳市文体旅游局主办，深圳博物馆、深圳望野博物馆承办，展出 169 件（组）精美文物，包括金银器、铜器、玉器、瓷器、陶器等，全面反映唐人社会与生产生活，其中国家一级文物 12 件。深入反映了唐朝时期人民的物质文化生活，展示了大唐盛世的恢弘与壮美。

序厅

展厅

展品

第二届深圳民间工艺精品展
The 2nd Shenzhen Folk Artwork Exhibition

展览时间：2018 年 12 月 5 日~ 9 日

展览地点：深圳博物馆历史民俗馆

展览配合"幸福客家——深圳市第十二届客家文化节"举办，由中共深圳市委宣传部、深圳市文学艺术界联合会主办，深圳市民间文艺家协会、深圳博物馆（深圳市非物质文化遗产保护中心）承办。展览展出铜雕、木雕、旗袍、棉塑、剪纸、烙画、麦秆画、紫砂陶艺、景泰蓝工艺画等民间工艺精品 50 多件，其中包括"八十七神仙卷""梦源图"等重量级展品，旨在展示深圳民间工艺的风采，推动民间文艺事业的繁荣与发展。

展标

展品

展品

丹青鸿爪——深圳博物馆藏 20 世纪中国书画精品展

Painting Traces: Exhibition of the 20th Century Chinese Paintings and Calligraphies in the Collection of Shenzhen Museum

展览时间：2018 年 12 月 26 日～ 2019 年 1 月 1 日

展览地点：深圳博物馆历史民俗馆

展览精选深圳博物馆馆藏 20 世纪书画作品 76 件（组），包括陈师曾、王震、徐悲鸿、溥儒、邓尔雅、邓芬、何香凝、关山月、黎雄才、赵少昂、黄君璧等书画名家的作品。展览一方面展示了馆藏近现代书画的重要代表作，也基本呈现一百余年中国传统书画经历的历史演进和艺术革新。

序厅

展品

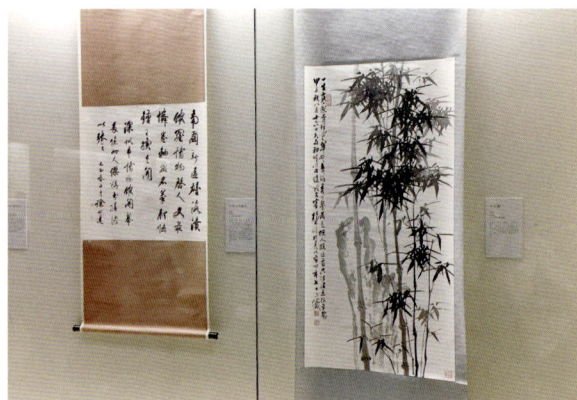

展品

展览交流　Exhibitions Exchanges

深圳博物馆馆藏青铜器精品展
Exhibition of Selected Bronzes in the Collection of Shenzhen Museum

展览时间：2018 年 11 月 1 日～ 2019 年 3 月 2 日

展览地点：河源市博物馆

此次展览是深圳、东莞、惠州、汕尾、河源 5 市文化交流合作的项目之一，展出我馆馆藏最具代表性的 60 件青铜器，包括礼乐器、兵器、铜镜和生活日用器等，反映中国青铜时代的历史文化、工艺技术的发展，以及不同时期的社会思想、审美情趣的变化。

展柜

展厅

心怀桑梓 情系港深——深圳历史巨变图片展（1978～2018）

Emotional Linkage between Hong Kong and My Hometown Shenzhen: A Photo Exhibition of Historical Changes in Shenzhen (1978~2018)

展览时间：2018 年 12 月 29 日～ 2019 年 1 月 4 日

展览地点：香港深圳社团总会

此次展览由香港深圳社团总会主办，深圳博物馆协办，香港特别行政区民政事务总署赞助。展览通过 67 张照片，从城市变迁、社会发展、生活变化等角度讲述深圳改革开放故事，展现血浓于水的"深港情"。旨在冀望深、港两地携手抓住共建"一带一路"、粤港澳大湾区建设等重大机遇，共同谱写两地发展新篇章。

开幕式

展览现场

社区巡展　Community Itinerant Exhibitions

　　2018年下半年，深圳博物馆与深圳市龙华区民乐社区合作，联合推出"博物馆进社区"系列活动，举办"深圳改革开放史图片展""小平与深圳图片展""时移·事易——深圳今昔图片展"3场社区巡展。

9月29日，推出"深圳改革开放史图片展"

10月19日，推出"小平与深圳"图片展

10月26日，推出"时移·事易——深圳今昔图片展（1949～2016）"

2018 年陈列展览一览表

基本陈列		
序号	展览名称	地点
1	古代深圳	深圳博物馆历史民俗馆
2	近代深圳	
3	深圳改革开放史	
4	深圳民俗文化	
5	走进野生动物的情感世界——贝林先生捐赠世界野生动物标本展	
6	叶挺将军与深圳	东江游击队指挥部旧址纪念馆
7	大潮起珠江——广东改革开放 40 周年展览	深圳改革开放展览馆

专题展览				
序号	时间	展览名称	主办单位	地点
1	2 月 13 日～21 日	不忘初心 弘扬工匠精神——深圳市 2018 年迎春烙画艺术展	深圳博物馆、深圳市烙画艺术协会	深圳博物馆历史民俗馆
2	3 月 13 日～4 月 22 日	丛林宝贝与毒瘤——深圳植物科普展	深圳博物馆、深圳市环境监测中心站、深圳市仙湖植物园管理处	深圳博物馆历史民俗馆
3	4 月 20 日～7 月 22 日	合中西于一冶——安徽博物院藏潘玉良绘画艺术精品展	深圳博物馆、安徽博物院	深圳博物馆历史民俗馆
4	4 月 27 日～6 月 10 日	传承之道——深圳博物馆藏经部古籍善本展	深圳博物馆	深圳博物馆历史民俗馆
5	5 月 3 日～23 日	百廿北大 燕筑鹏城——北京大学发展成就展	北京大学校史馆、北京大学党委宣传部	深圳博物馆历史民俗馆
6	5 月 26 日～28 日	广东改革开放 40 周年成就展	中共广东省委外事工作领导小组办公室、广东省人民政府新闻办公室	深圳华侨城洲际大酒店

序号	时间	展览名称	主办单位	地点
7	6月22日～8月26日	海洋宫殿——珊瑚礁科普展	深圳博物馆、海南三亚国家级珊瑚礁自然保护区管理处、广东海洋大学深圳研究院	深圳博物馆历史民俗馆
8	6月29日～10月7日	物华天宝——辽宁朝阳北塔出土文物精品展	深圳博物馆、朝阳市北塔博物馆	深圳博物馆历史民俗馆
9	8月24日～11月25日	自然的力量——洛杉矶郡艺术博物馆藏古代玛雅艺术品	深圳博物馆、湖北省博物馆、成都金沙遗址博物馆、美国洛杉矶郡艺术博物馆	深圳博物馆历史民俗馆
10	11月8日～2019年4月7日	煌煌·巨唐——七至九世纪的唐代物质与器用	深圳市文体旅游局	深圳博物馆历史民俗馆
11	12月5～9日	第二届深圳民间工艺精品展	中共深圳市委宣传部、深圳市文学艺术界联合会	深圳博物馆历史民俗馆
12	12月26日～2019年1月1日	丹青鸿爪——深圳博物馆藏二十世纪中国书画精品展	深圳博物馆	深圳博物馆历史民俗馆

展览交流				
序号	时间	展览名称	主办单位	地点
1	11月1日～2019年3月2日	深圳博物馆馆藏青铜器精品展	深圳博物馆、河源市博物馆	河源市博物馆
2	12月29日～2019年1月4日	心怀桑梓 情系港深——深圳历史巨变图片展（1978～2018）	香港深圳社团总会	香港深圳社团总会

社区巡展				
序号	时间	展览名称	主办单位	地点
1	9月29日	深圳改革开放史图片展	深圳博物馆	深圳市民乐社区
2	10月19日	小平与深圳图片展	深圳博物馆	深圳市民乐社区
3	10月26日	时移·事易——深圳今昔图片展（1949～2016）	深圳博物馆	深圳市民乐社区

教育宣传

Education and Promotion

成为"儿童友好实践基地"
Becoming Child-Friendly Practice Base

　　5月24日，深圳市儿童友好实践基地授牌仪式在深圳博物馆历史民俗馆举行。深圳市副市长、市妇女儿童工作委员会主任吴以环向深圳博物馆颁发"儿童友好实践基地"牌匾。

深圳市儿童友好实践基地授牌仪式

叶杨馆长致辞

品牌教育活动
Brand Name Educational Activities

博物馆小讲堂 Museum Lessons

深圳博物馆从 2010 年开始举办"博物馆小讲堂",工作人员走进全市中小学,为师生讲授文博主题课程。目前课程设置有古代深圳、深圳民俗文化、青铜器、自然等 7 个专题,更多课程还在开发中。

2018 年,在莲花小学开展"博物馆小讲堂"31 课时。

讲授考古知识

讲授《古代深圳》课程

讲授自然知识

学生踊跃发言

非遗手工坊 Handwork Workshop of Intangible Cultural Heritage

    2018年，举办"非遗手工坊"40场次，包括陶艺、脸谱、丝网花、剪纸、扇画、绳编、水印版画、面塑、风筝和折纸共10个项目。

    每场活动均包含非遗传承人讲解、示范以及观众体验的环节。观众既能了解非遗文化，又可以学习非遗项目的基本技能，亲手制作或体验。

学做风筝

传授剪纸技艺

绘制脸谱

学做面塑

绘制扇画

学习绳编

学习水印版画

制作丝网花

学习折纸

陶艺制作

2018 年"非遗手工坊"活动一览表

序号	时间	项目名称	场数	每场人数
1	1 月 14 日	面塑	2	15
2	1 月 28 日	丝网花	2	15
3	2 月 4 日	剪纸	2	15
4	7 月 19 日	剪纸	2	20
5	7 月 25 日	面塑	2	20
6	7 月 28 日	水印版画	2	20
7	8 月 3 日	绳编	2	20
8	8 月 10 日	脸谱	2	20
9	8 月 17 日	扇画	2	20
10	8 月 24 日	面塑	2	20
11	8 月 31 日	风筝	2	20
12	9 月 8 日	丝网花	2	20
13	9 月 22 日	扇画	2	20
14	10 月 14 日	脸谱	2	20
15	10 月 20 日	折纸	2	20
16	10 月 27 日	绳编	2	20
17	11 月 10 日	陶艺	2	20
18	11 月 24 日	丝网花	2	20
19	12 月 8 日	水印版画	2	20
20	12 月 30 日	折纸	2	20

历史文化大讲堂
History and Culture Lectures

　　"历史文化大讲堂"是深圳博物馆的品牌活动。邀请国内外知名专家为观众带来主题多样、内容丰富、兼具学术性与通俗性的高水平讲座。

　　2018 年共举办 13 场。其中既有配合专题展览举办的讲座，如《文艺复兴以来意大利与中国的陶瓷技术交流与互动》《历史、艺术与宗教：解读朝阳北塔出土辽代佛教文物》等；也有《苔花如米小——苔藓植物探秘》《珊瑚的前世今生》等多场科普讲座。

郭学雷举办讲座《文艺复兴以来意大利与中国的陶瓷技术交流与互动》

黄阳兴举办讲座《信仰、艺术与哲学：中国汉传佛教观音图像的历史演变》

张力举办讲座《苔花如米小——苔藓植物探秘》

邓旺秋举办讲座《走进多彩的蘑菇世界》

廖景平举办讲座《植物让人类生活更美好》

刘期培举办讲座《剪影艺术赏析》

楼建龙举办讲座《遗产视野下的武夷山文化》

廖宝林举办讲座《珊瑚的前世今生》

陈清华举办讲座《西沙群岛历险记》

王嫣举办讲座《珊瑚礁——我们星球上奇妙的自然历史博物馆》

蔡明举办讲座《考古"入坑"指南》

黄阳兴举办讲座《历史、艺术与宗教：解读朝阳北塔出
土辽代佛教文物》

张万胜举办讲座《开平碉楼的诞生、辉煌、沉寂与再生》

2018 年"历史文化大讲堂"活动一览表举办情况一览表

序号	时间	主讲人	讲座题目
1	2 月 3 日	深圳博物馆副馆长　郭学雷	文艺复兴以来意大利与中国的陶瓷技术交流与互动
2	2 月 10 日	深圳博物馆古代艺术研究部主任　黄阳兴	信仰、艺术与哲学：中国汉传佛教观音图像的历史演变
3	3 月 17 日	深圳市仙湖植物园研究员　张力	苔花如米小——苔藓植物探秘
4	4 月 14 日	中国菌物学会理事、广东省微生物研究所研究员　邓旺秋	走进多彩的蘑菇世界
5	4 月 21 日	中国科学院大学博士生导师，中国科学院华南植物园研究员、结构与发育生物学研究组首席研究员　廖景平	植物让人类生活更美好
6	6 月 9 日	省级非遗项目"剪影"传承人刘期培	剪影艺术赏析
7	6 月 9 日	福建博物院文物考古研究所所长、研究员　楼建龙	遗产视野下的武夷山文化
8	6 月 24 日	广东海洋大学深圳研究院珊瑚保育中心主任　廖宝林	珊瑚的前世今生
9	7 月 8 日	生态环境部华南环境科学研究所高级工程师　陈清华	西沙群岛历险记——趣谈南海珊瑚礁科考之旅
10	7 月 29 日	海南大学海洋生物学教授　王嫣	珊瑚礁——我们星球上奇妙的自然历史博物馆
11	8 月 19 日	深圳博物馆古代艺术研究部副主任　蔡明	考古"入坑"指南
12	8 月 26 日	深圳博物馆古代艺术研究部主任　黄阳兴	历史、艺术与宗教：解读朝阳北塔出土辽代佛教文物
13	10 月 21 日	五邑大学建筑学院副院长、副教授、硕士研究生导师　张万胜	开平碉楼的诞生、辉煌、沉寂与再生

小讲解员培训班 Training Course for Student Interpreters

深圳博物馆从 2010 年起举办小讲解员培训班，现已建立起近 600 人的小志愿者讲解员团队。

1 月，举办小讲解员寒假提升班。教学内容包括博物馆基本知识、非遗知识、讲解礼仪与技巧、普通话发音与发声等，并在寒假期间开设专题展览小讲解员专场讲解。

7 月，举办第九届小讲解员暑期培训班。培训为期 10 天，内容包括教授文博知识、展厅实践讲解、学员考核等。

9 月 18 日，我馆在南山中英文学校启动了在该校的第五期小讲解员培训班。课程共计 14 节，包括讲解技巧、实地教学、针对性辅导及考核等。

暑期小讲解员培训班师生与馆领导合影

指导讲解仪态

展厅实地练习

自然知识讲解练习

小讲解员讲解现场

在南山中英文学校授课

寒假提升班师生合影

专题教育活动
Specialized Educational Projects

"环球自然日" 活动 Global Natural History Day Contest

"环球自然日——青少年自然科学知识挑战活动"由美国环球健康与教育基金会发起，旨在激发青少年对于自然科学的兴趣，提高其研究、分析、交往能力。

2018 年，深圳赛区选拔的 16 组队伍参加了在湖北省武汉市举行的全球总决赛，获得一等奖 4 个，二等奖 4 个，三等奖 8 个，1 组团队还获得了"最佳行动实践"单项奖。2 项参赛作品分别被湖北省守望萤火虫研究中心和河南省自然生态环保教育基地收藏。深圳博物馆获得"组织奖"。

此外，深圳赛区选拔的 6 支科普绘画队伍参与今年首次举办的自然科普绘画赛全国总决赛，获得一等奖 2 个，二等奖 3 个，三等奖 1 个，其中 1 幅作品获得"最具潜力画面构图"单项奖。

"环球自然日"全球总决赛现场

深圳分站比赛现场

回答评审提问

我馆获"环球自然日"2018 年度组织奖

参加全球总决赛的深圳选手

科普绘画比赛优秀作品

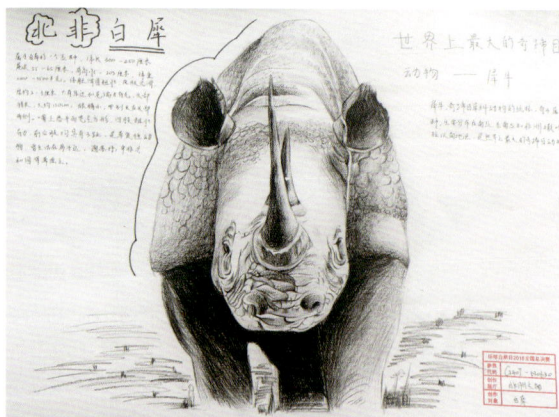

科普绘画比赛优秀作品

"国际博物馆日"活动 International Museum Day Program

　　2018年"国际博物馆日",我馆开展了"探秘PM2.5"科考活动、免费发放2018年度国际博物馆日纪念卡、"迷你深圳·筑"、电影中的博物馆、"快乐六一·童心舞动"小讲解员文艺汇演和2场特别导赏等共6种活动。

派发博物馆日纪念卡

"探秘PM2.5"科考活动

展览导赏

"迷你深圳 • 筑"

"快乐六一 • 童心舞动"小讲解员文艺汇演

青少年写生

"香港博物馆节 2018" 深圳博物馆分场活动
Activities at Shenzhen Museum Branch of Museum Festival Hong Kong 2018

　　"香港博物馆节"是香港地区博物馆和观众的盛会。2018 年，我馆与香港康乐及文化事务署再度合作，于 6 月 22 日至 7 月 8 日在历史民俗馆举办"香港博物馆节 2018"深圳博物馆分场系列活动。活动包括举办"海洋宫殿——珊瑚礁科普展"、多场珊瑚礁主题科普讲座、"深海海域"室内课程和"忆海拾贝 才藻富珊"外出科考活动。

启动仪式

小讲解员为领导和嘉宾讲解展览

观众参观展览

配套教育活动　Supporting Educational Projects

展览导赏 Guided Tours

2018年，配合展览共举办 7 场导赏活动。由策展人、研究人员或专家志愿者为观众深度解读展览的脉络，讲述展览背后的故事。

"观照自在——中国古代观音造像艺术展" 特别导赏

"千年马约里卡——意大利法恩扎国际陶瓷博物馆典藏展" 特别导赏

"合中西于一冶——安徽博物院藏潘玉良绘画艺术精品展"特别导赏

"物华天宝——辽宁朝阳北塔出土文物精品展"特别导赏

2018 年展览导赏一览表

序号	时间	内容
1	1 月 31 日	"千年马约里卡——意大利法恩扎国际陶瓷博物馆典藏"特别导赏
2	2 月 2 日	"观照自在——中国古代观音造像艺术展"特别导赏
3	2 月 10 日	"观照自在——中国古代观音造像艺术展"特别导赏
4	5 月 19 日	"合中西于一冶——安徽博物院藏潘玉良绘画艺术精品展"特别导赏
5	5 月 20 日	"传承之道——深圳博物馆藏经部古籍善本展"特别导赏
6	7 月 20 日	"物华天宝——辽宁朝阳北塔出土文物精品展"特别导赏
7	8 月 16 日	"物华天宝——辽宁朝阳北塔出图文物精品展"特别导赏

"植物画" 活动 Plant Painting

　　配合"丛林宝贝与毒瘤——深圳植物科普展"举办，博物馆专家讲解植物知识，观众利用不同的植物干花材料创作植物画，以此增进对于植物的认知。

讲解植物知识

制作植物画

"探秘 PM2.5" 科考活动 Exploring PM2.5 Scientific Expedition

配合"丛林宝贝与毒瘤——深圳植物科普展"举办，组织中小学生前往深圳市生态监测中心站，实地考察深圳的人居环境，了解 PM2.5 数据是如何测试和发布的。参加者还在中心站老师的带领下，到野外识别常见植物，自己动手制作植物标本。

制作植物标本

"我是装饰师" I Am a Decoration Master

指导老师首先介绍传统设计装饰艺术形式"蝶古巴特（decoupage）"的特色和制作方法，然后由参与者选择自己喜欢的图案、配色开展艺术创作。

创作"蝶古巴特"作品

"深海海域"室内课程和"忆海拾贝 才藻富珊"外出科考
Deep See Area: Indoor Course and Scientific Expedition Trip

配合"海洋宫殿——珊瑚礁科普展"举办。"深海海域"活动由广东海洋大学深圳研究院"海洋大学堂"的老师为观众讲解大亚湾丰富的海洋生物以及各种珊瑚礁的生存现状等科普知识。"忆海拾贝 才藻富珊"科考活动，组织中小学生前往"海洋大学堂"，参观全国第一个珊瑚保育中心，让观众"身临其境"学习海洋环保知识，探索海洋生物的奥秘。

"深海海域"室内课程

外出参观学习

参观珊瑚保育中心

其他教育活动　Other Educational Projects

澳门博物馆中学生学习交流活动
A Museum Visit Tour of Middle School Students from Macao

　　8月16日，25名澳门高中学生在澳门博物馆馆长吕志鹏的带领下，到深圳博物馆开展学习交流活动。活动包括参观文物修复室，亲手制作鹤湖新居的模型，参观展览，听取专业展览导赏等。

参加活动人员合影

参观展览

参观文物修复室

制作鹤湖新居模型

少儿古琴体验 Children's Guqin Experience

老师教授古琴相关知识和弹琴基本礼仪，参与者在老师的指导下体验古琴演奏。

指导弹琴技巧

体验弹奏古琴

2018 年"少儿古琴体验"一览表

序号	时间	举办场数
1	7 月 15 日	2 场
2	7 月 22 日	2 场
3	7 月 29 日	2 场
4	8 月 5 日	2 场

迷你深圳 · 筑 Mini Shenzhen: Architectures

我馆开发设计的"迷你深圳 · 筑"教育活动，包括深圳地标建筑历史讲解和建筑纸模制作环节，让青少年更加了解深圳的发展历史。

活动现场

制作深圳地标建筑模型

缪斯小剧场 Little Muse Theater

推出"纪录片里的世界史和自然史""电影中的博物馆"两个系列，配合展览及活动不定期向观众放映。2018 年共举办 8 场。

2018 年"缪斯小剧场"一览表

序号	时间	内容
1	1 月 25 日	纪录片里的世界史和自然史
2	1 月 30 日	纪录片里的世界史和自然史
3	2 月 1 日	纪录片里的世界史和自然史
4	2 月 6 日	纪录片里的世界史和自然史
5	2 月 8 日	纪录片里的世界史和自然史
6	2 月 13 日	电影中的博物馆
7	2 月 20 日	电影中的博物馆
8	5 月 19 日	电影中的博物馆

宣传推广　Publicity and Promotion

参加德国法兰克福"中国文博创意"主题展示活动
Participating in the Paperworld: International Trade Fair for Stationery, Office Supplies and Writing Instruments Held in Frankfurt, Germany

　　1月27日～30日，深圳博物馆赴德国法兰克福，参加由中国文物交流中心与法兰克福展览公司合办的"中国文博创意"主题展示活动。我馆展出"时间效率"金万年历、馆藏祝允明草书《晚晴赋》丝巾等文创精品20多种。这是我馆首次赴境外参加国际性展会，提升了文创品牌的国际影响力，探索了国际文创产业合作新模式。

中国驻法兰克福总领馆孙瑞英副总领事（右）与杜鹃副馆长（左）交流

展示我馆文创产品

观众参观我馆展位

参加"国际博物馆日"广东主会场活动

Participating in the Activities Sponsored by Guangdong Provincial Administration of Culture on "International Museum Day"

　　5月18日，深圳博物馆赴河源参加2018年"国际博物馆日"广东主会场活动。我馆副馆长蔡惠尧出席启动仪式并发言。此次活动有来自粤港澳三地的240多家博物馆、文博单位和企业参加。我馆在现场推出了VR虚拟展厅漫游体验、图书派送、文创产品展示以及"非遗"项目（客家凉帽）展演等活动。我馆荣获2016～2017年度广东博物馆开放服务最佳做法评选"最佳文创产品推广奖"。

蔡惠尧副馆长在活动启动仪式上发言

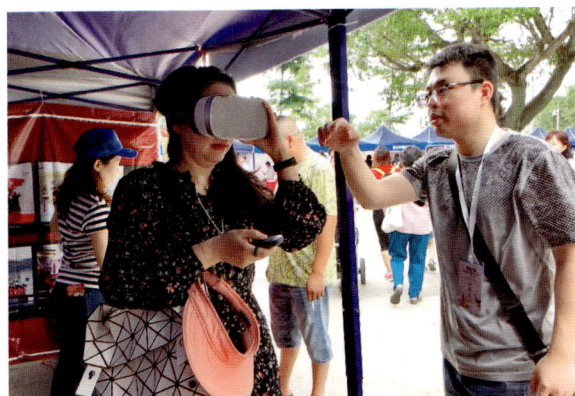

观众体验VR虚拟展厅漫游

现场派送图书

接受媒体采访

颁奖现场

荣誉证书

参加"雅韵清赏——广东文创与传统书房器物展"和第十四届深圳文博会

Participating in the 14th China (Shenzhen) International Cultural Industries Fair and the Creative Cultural Products Exhibition of Guangdong Province

5月，深圳博物馆选送优秀文创产品参加"雅韵清赏——广东文创与传统书房器物展"。5月10～14日，该展览部分展品在第十四届深圳文博会展出。

"雅韵清赏——广东文创与传统书房器物展"展标

展厅

参加第十四届深圳文博会

参加"第八届中国博物馆及相关产品与技术博览会"
Participating in the 8th Chinese Museums and Relevant Products and Technologies Exposition

　　11月，深圳博物馆赴福州参加"第八届中国博物馆及相关产品与技术博览会"。我馆展位设置了"馆藏文物""专题展览展品"和"改革开放藏品"3个文创产品展区，荣获"弘博奖·最佳展示奖"。

深圳博物馆展位

展示的文创产品

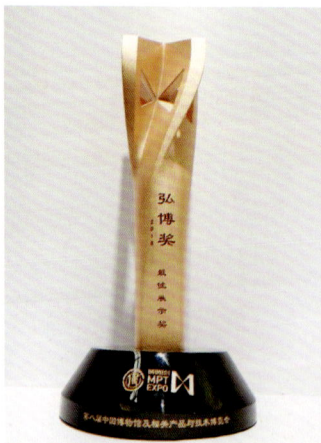

所获奖杯和证书

参加"2018 广东（珠海）文化创意设计大赛"

Participating in the 2018 Guangdong (Zhuhai) Cultural and Creative Design Competition

11 月，深圳博物馆参加在珠海举行的"2018 广东（珠海）文化创意设计大赛颁奖暨粤港澳文创设计交流活动"，推出文创产品参加"2018 广东（珠海）文化创意设计大赛成果展暨粤港澳文创设计交流展"。

2018 广东（珠海）文化创意设计大赛颁奖暨粤港澳文创设计交流活动

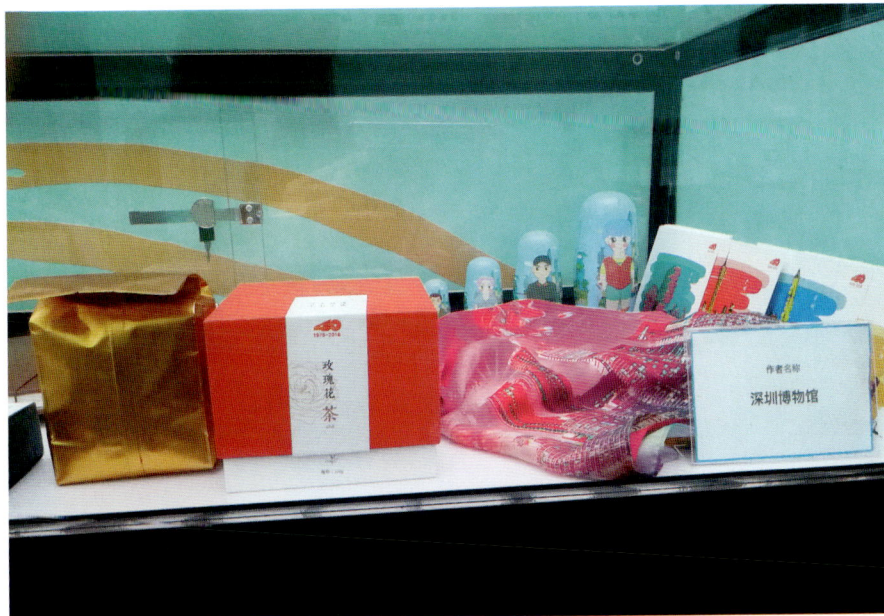

我馆参展的部分文创产品

媒体报道　Media Coverage

新闻发布会 Press Conferences

　　2018 年，深圳博物馆共举办新闻发布会 20 次，累计接待记者约 300 人次，报纸报道 198 篇，电视广播报道 100 多篇。

"丛林宝贝与毒瘤——深圳植物科普展"新闻发布会

"传承之道——深圳博物馆藏经部古籍善本展"新闻发布会

"物华天宝——辽宁朝阳北塔出土文物精品展"新闻发布会

"自然的力量——洛杉矶郡艺术博物馆藏古代玛雅艺术品"展览新闻发布会

"煌煌·巨唐——七至九世纪的唐代物质与器用"展览新闻发布会

"丹青鸿爪——深圳博物馆藏二十世纪中国书画精品展"新闻发布会

采访拍摄 Media Interviews

中央电视台、广东广播电视台、凤凰卫视、湖南卫视、深圳广电集团等多家媒体在我馆进行采访拍摄。

中国教育电视台拍摄《博物馆之夜》栏目

中央电视台财经频道拍摄政论纪录片《深圳四十年》

国家安全部与中央电视台拍摄专题片《周恩来与中共隐蔽战线》

凤凰卫视拍摄"大潮起珠江——广东改革开放40周年展览"

深圳广电集团拍摄《全国城市电视台看深圳》视频

深圳广电集团拍摄《改革开放40年之见证成长》系列报道

重要媒体报道 Important Media Reports

2018 年，我馆的"物华天宝——辽宁朝阳北塔出土文物展""自然的力量——洛杉矶郡艺术博物馆藏古代玛雅艺术品"展览以及文创产品等专题，分别在《中国文物报》《香港商报》等进行了大篇幅报道。

《中国文物报》关于"物华天宝——辽宁朝阳北塔出土文物展"的报道

《香港商报》关于"自然的力量——洛杉矶郡艺术博物馆藏古代玛雅艺术品展"的报道

《中国文物报》关于我馆文创产品的报道

2018 年报纸报道一览表

（注：深圳改革开放展览馆相关报纸报道见 P54）

序号	时间	报纸	版面	标题
1	1 月 2 日	深圳都市报	A12	毕加索陶瓷大作现身深博
2	1 月 3 日	香港商报	A20	意大利顶级陶瓷亮相深博
3	1 月 4 日	晶报	A20	欧洲"景德镇"千年陶瓷史
4	1 月 5 日	Shenzhen Daily	11	Revolutionary Memorial Hall Reopens in Dongmen
5	1 月 5 日	广州日报	13	80 年前叶挺也是来深"创业"者
6	1 月 9 日	Shenzhen Daily	15	Dazzling Italian Ceramics Reveal Majolica History
7	1 月 11 日	深圳商报	B05	来深圳博物馆看首博馆藏佛造像
8	1 月 11 日	深圳特区报	B1	活化文物打造知识 IP
9	1 月 12 日	Shenzhen Daily	16	Finding Inner Peace at Guanyin Exhibition
10	1 月 16 日	广州日报	10	身价 315 亿，出趟差有多难
11	1 月 29 日	Shenzhen Daily	14	SZ Museum Winter Vacation Events
12	2 月 1 日	晶报	A26	给你一份深圳寒假文化地图
13	2 月 14 日	晶报	A09	春节来深圳博物馆"买买买"
14	2 月 23 日	深圳商报	A08	泡图书馆逛博物馆感受传统年味
15	2 月 23 日	晶报	A06	逾 8 万观众深博过文化年
16	2 月 26 日	晶报	A10	"过了一个文化年"
17	3 月 3 日	深圳商报	A07	百年非遗亮相 千年俏舞登场
18	3 月 3 日	晶报	A08	本地非遗、千年俏舞献艺元宵
19	3 月 6 日	Shenzhen Daily	15	Lantern Festival More than Tangyuan and Riddles
20	3 月 3 日	深圳晚报	14	千年俏舞首次亮相深圳
21	3 月 14 日	晶报	A17	来深博看深圳珍稀植物标本
22	3 月 14 日	Shenzhen Daily	2	Plant Exhibition
23	3 月 14 日	深圳特区报	B1	深圳植物科普展开幕
24	3 月 14 日	深圳商报	A16	"丛林宝贝与毒瘤"深圳植物科普展开幕
25	3 月 14 日	香港商报	B7	深圳植物科普展深博开展
26	3 月 16 日	深圳都市报	13	深圳也有"见血封喉"
27	3 月 16 日	Shenzhen Daily	11	The Power of Plants
28	3 月 17 日	深圳晚报	13	来看看"蒙汗药"长啥样

序号	时间	报纸	版面	标题
29	3月18日	深圳特区报	A11	深博举办"中西陶瓷贸易与外销瓷艺术学术研讨会"
30	3月19日	深圳商报	B04	陶瓷专家云集深博 研讨中西陶瓷贸易
31	3月21日	深圳晚报	A21	探讨中西陶瓷文化
32	3月21日	晶报	A12	深博举办"中西陶瓷贸易与外销瓷艺术学术研讨会"
33	3月22日	晶报	A24	深博又增加了一批小讲解员
34	3月22日	深圳特区报	B01	"馆校共建"开出美丽花朵
35	3月22日	深圳商报	B08	第三期小讲解员培训班结业
36	3月22日	南方都市报	A02	一个月内讲700多场 深博小讲解员好威武
37	3月23日	深圳都市报	14	深博培育27名小讲解员 两个月讲解了700多场
38	3月28日	Shenzhen Daily	10	Students Selected as Museum Tour Guides
39	4月18日	晶报	A07	以东方的精神入西洋画法
40	4月21日	深圳商报	A07	品味潘玉良"合中西于一冶"
41	4月25日	深圳晚报	A21	传奇女画家潘玉良自画像亮相深圳
42	4月26日	Shenzhen Daily	15	Legendary Artist Paints with Soul
43	4月28日	晶报	A11	喜！去深博可赏"蝴蝶装"宋刻本
44	5月3日	Shenzhen Daily	15	Finely Printed Ancient Books on Display
45	5月2日	深圳特区报	A8	翻开故纸，走进"书本上的中国"
46	5月17日	晶报	A07	把博物馆文创引进校园
47	5月17日	深圳都市报	16	"深博文创"或成未来的文化大IP
48	5月17日	深圳特区报	B1	实用价值美学价值文化价值统一
49	5月17日	深圳晚报	20	"国际博物馆日"深圳活动多
50	5月18日	深圳晚报	A19	首届"天誉杯"深圳博物馆历史文创产品设计大赛奖项揭晓
51	5月18日	晶报	A09	打开国际博物馆日的正确姿势
52	5月18日	深圳特区报	AII3	智慧博物馆连接新公众
53	5月23日	Shenzhen Daily	10	A Mind-blowing Creative Product Design Competition
54	5月25日	晶报	A10	深圳博物馆成为"儿童友好实践基地"
55	5月27日	深圳晚报	5	深圳博物馆获授牌"儿童友好实践基地"
56	5月28日	晶报	A11	环球自然日，深圳青少年将挑战全球"500强"

序号	时间	报纸	版面	标题
57	5 月 28 日	深圳商报	A12	2018 年"环球自然日"深圳赛区决赛落幕
58	5 月 29 日	深圳晚报	18	"环球自然日"深圳赛区举行决赛
59	6 月 10 日	深圳晚报	5	"多彩非遗"内容非常精彩
60	6 月 10 日	广州日报	7	"非遗大观园"精彩秀不停
61	6 月 10 日	深圳特区报	A7	在深圳与非遗面对面
62	6 月 10 日	深圳商报	A04	50 幅"手绘非遗"作品亮相
63	6 月 11 日	深圳都市报	12	文化和自然遗产日多彩非遗活动亮相深博
64	6 月 11 日	晶报	A06	歌舞传家训 非遗零距离
65	6 月 19 日	南方都市报	AII03	端午节去深博画野生动物，这群孩子赛出新意
66	6 月 19 日	深圳商报	A07	"环球自然日"科普绘画深圳决赛
67	6 月 19 日	晶报	A07	52 幅作品入选"环球自然日"青少年科普绘画决赛
68	6 月 19 日	深圳特区报	B4	笔下绘就大自然
69	6 月 24 日	深圳晚报	4	百多件标本带你走进海底世界
70	6 月 25 日	深圳商报	A12	"香港博物馆节 2018"深博分会场系列活动启动
71	6 月 27 日	Shenzhen Daily	10	Shenzhen Museum Hosts Painting Contest
72	6 月 28 日	晶报	A05	深圳博物馆搬来一座珊瑚礁"海洋宫殿"
73	6 月 25 日	深圳商报	A12	"香港博物馆节 2018"深博分会场系列活动启动
74	6 月 29 日	Shenzhen Daily	11	SZ Museum Turned into "Sea Palace"
75	6 月 29 日	晶报	A06	在深圳，静观千年前的辽代佛塔
76	7 月 3 日	深圳特区报	AII3	辽宁朝阳北塔文物展深博开幕
77	7 月 5 日	Shenzhen Daily	15	Relish the Treasure from Dragon City
78	8 月 1 日	香港商报	A17	深博小讲解员培训班结业
79	8 月 1 日	深圳特区报	B1	深博第九届小讲解员培训班结业
80	8 月 2 日	Shenzhen Daily	8	Teenager Museum Guides Pose
81	8 月 8 日	Shenzhen Daily	10	90 Students Selected as Museum Tour Guides
82	8 月 24 日	深圳商报	A14	深博推出年度大展 首展"玛雅文明"
83	8 月 25 日	深圳特区报	A08	异域来风，到深博领略玛雅文明的神奇
84	8 月 26 日	香港商报	A6	领略玛雅文明的神秘与辉煌
85	8 月 27 日	Shenzhen Daily	3	Mayan Art on Show

序号	时间	报纸	版面	标题
86	8月28日	晶报	A18	神秘玛雅"触手可及"
87	8月28日	Shenzhen Daily	15	Chocolate, Corn and Cosmos in Maya Art
88	8月29日	深圳晚报	15	一大拨玛雅文物飘洋过海来看你
89	9月26日	中国文物报	8	深圳博物馆举办"物华天宝——辽宁朝阳北塔出土文物展"
90	10月9日	深圳商报	A14	深圳博物馆国宝云集 国庆参观人数达12万
91	10月12日	深圳特区报	AII4	逛博物馆成为生活新时尚
92	11月2日	香港商报	A19	跨越世纪的华侨记忆
93	11月9日	深圳特区报	AII3	重温历史深处的大唐梦
94	11月9日	深圳商报	B01	大唐文物展现盛世气候
95	11月9日	深圳都市报	A09	深博跨年度特展来了
96	11月9日	晶报	A21	煌煌盛唐 "器"象满堂
97	11月9日	Shenzhen Daily	2	Exhibits from the Tang Dynasty
98	11月15日	Shenzhen Daily	15	A Glimpse of the Glorious Tang
99	12月6日	深圳特区报	B1	民间工艺精品展揭幕客家文化节
100	12月6日	广州日报	16	六活动展示新老客家风情
101	12月6日	晶报	13	50件民间工艺精品亮相博物馆
102	12月6日	深圳晚报	A07	六大活动展现当代"幸福客家"
103	12月6日	Shenzhen Daily	2	Hakka Cultural Festival
104	12月6日	Shenzhen Daily	14	Hakka Cultural Festival Kicks Off in Town
105	12月10日	晶报	A20	深圳举办第七届非遗剪纸传承比赛
106	12月11日	深圳特区报	B1	深圳民间文化沙龙讲座开讲
107	12月11日	深圳商报	A03	三座博物馆 更显国际范
108	12月11日	深圳晚报	5	深圳将重点推进建设"新十大文化设施"
109	12月11日	南方日报	AII01	深圳"新十大文化设施"名单出炉
110	12月12日	香港商报	B7	客家文化节展现新老客家风情
111	12月12日	广州日报	15	鹏城十大文化新地标确定
112	12月15日	深圳特区报	A08	深圳市第十二届客家文化节闭幕

序号	时间	报纸	版面	标题
113	12 月 16 日	深圳晚报	8	第十二届客家文化节闭幕
114	12 月 18 日	Shenzhen Daily	2	Hakka Culture Festival Wraps Up
115	12 月 18 日	深圳都市报	A14	马秋华携多名学生在深开古曲音乐会
116	12 月 18 日	深圳晚报	24	著名声乐教育家马秋华携弟子深圳献艺
117	12 月 18 日	晶报	A14	客家文化节闭幕 百余幅摄影及手绘作品获奖
118	12 月 19 日	晶报	A28	"马秋华学生古曲音乐会" 唱响深圳博物馆
119	12 月 19 日	香港商报	B7	声乐教育家马秋华携弟子深圳献艺
120	12 月 19 日	深圳商报	B01	"客家文化节"闭幕 甘坑小镇"客味浓"
121	12 月 20 日	深圳特区报	B1	马秋华学生古曲音乐会在深举行
122	12 月 20 日	深圳特区报	B1	深圳市博物馆协会成立
123	12 月 21 日	深圳商报	B01	鹏城将迎更多"圳"馆之宝
124	12 月 24 日	深圳商报	B10	新十大文化设施令人神往
125	12 月 25 日	深圳特区报	A7	深博：市民身边的"殿堂级文化场所"
126	12 月 27 日	深圳特区报	B1	丹青鸿爪、煌煌巨唐展览预告
127	12 月 27 日	晶报	14	深博馆藏书画精品亮相深圳
128	12 月 28 日	深圳商报	B08	深博展出馆藏书画
129	12 月 28 日	Shenzhen Daily	11	Masters' Paintings, Calligraphy on Display

新媒体宣传 New Media Publicity

官网建设 Official Website

　　深圳博物馆官网（https://www.shenzhenmuseum.com）向公众发布博物馆的参观指引、展览活动、藏品信息、学术研究、非遗信息、文创产品等内容。2018 年发布信息 2486 篇，点击量 2100 多万次；深圳改革开放展览馆官网（https://www.szggm.com）11 月上线，发布信息 318 篇，点击量 15 万次，注册用户 1.87 万人。

深圳博物馆官网首页

深圳改革开放展览馆官网首页

微博、微信宣传工作 Weibo and WeChat

官方微博、微信粉丝量，微信图文消息阅读量和点赞量创下新高。微博粉丝人数超过 8.5 万；"深圳博物馆"微信公众号粉丝人数超过 5.3 万，净增 2.2 万；新开通的"深圳改革开放展览馆"微信公众号粉丝人数近 1.5 万。13 篇消息阅读量超过 3000，其中 2 篇阅读量超过 1 万。

微信消息发布情况

微信公众号

深圳博物馆微信公众号数据

深圳改革开放展览馆微信公众
号数据

官方微博主页

2018 年微信阅读量 3000 以上消息一览表

图文消息名称	阅读量
深博年度大展今开幕 朝阳北塔精品看个够	10968
展览预告："自然的力量——洛杉矶郡艺术博物馆藏古代玛雅艺术品"即将揭幕	10118
"合中西于一冶——安徽博物院藏潘玉良绘画艺术精品展"在深圳博物馆展出	8430
招人啦! 深圳博物馆 2018 年招聘公告	6265
终于等到你——深圳改革开放展览馆于 11 月 8 日起免费向公众开放	5576
周末去深博看稀世珍品 140 件组辽宁朝阳北塔出土文物正在点交布展	5252
一大波"玛雅展"资料来袭（含导览、展览解读）	4968
深圳博物馆国庆不打烊，特色精品展获观众嘉许	4061
错过再等一年! 2018 年国际博物馆日活动安排来了!	3926
"传承之道——深圳博物馆藏经部古籍善本展"在深圳博物馆展出	3669
深博两大专题展览喜迎国庆	3667
文化传承 · 让爱童行——深圳博物馆第九届暑期小讲解员培训班招生公告	3569
神马? 你在深博错过这么多国家宝藏! ? 只求 2018 不再错过!	3038

官方 APP、微信小程序 Official APP and WeChat Applet

2018 年，深圳博物馆官方 APP 发布消息 1090 篇，微信小程序发布消息 869 篇，有效发挥信息交流与观众互动的功能。

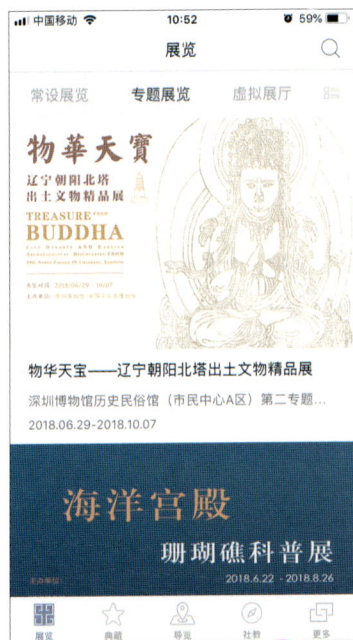

官方 APP 专题展览页面

官方 APP 虚拟展厅页面

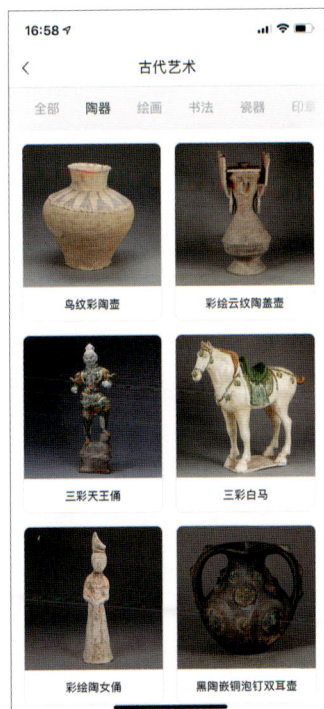

官方 APP "古代艺术"页面

微信小程序信息页面

社会服务
Social Services

参观接待 Visits and Receptions

讲解接待 Receptions

中共中央对外联络部副部长郭业洲（右二）参观深圳博物馆

中央纪委原副书记张惠新（右二）参观深圳博物馆

中央纪委原副书记刘峰岩（左二）参观深圳博物馆

香港立法会前主席、全国人大常委会委员范徐丽泰（左四）参观深圳博物馆

武警广东省总队司令员赵继东（左二）参观深圳博物馆

新疆自治区党委副书记、政法委书记朱海仑（右三）参观深圳博物馆

韩国驻华大使卢英敏（左三）参观深圳博物馆

刚果常驻联合国代表巴雷（Raymond Serge Bale，左一）参观深圳博物馆

刚果经济特区部长代表团参观深圳博物馆

澜沧江－湄公河区域四国代表团参观深圳博物馆

日本静冈县议会议员代表团参观深圳博物馆

朝鲜新闻代表团参观深圳博物馆

同行来访 Peer Visits

洛杉矶郡艺术博物馆副馆长卡哈尔（Zoe Kahr，后排右一）来馆参观并座谈

阿富汗文化部部长巴瓦瑞（Mohammad Rasoul Bawari，右一）、阿富汗国家博物馆馆长拉希米（Mohammad Fahim Rahimi，中）来馆参观，并留言：我谨代表阿富汗高级代表团，在此留念。

列支敦士登国家博物馆馆长雷诺（Rainer Vollkommer，后排右一）来馆参观并座谈

中国国家博物馆馆长王春法（左三）、第十二届全国政协人口资源环境委员会副主任齐让（左四）来馆参观

国家文物局原副局长张柏（左三）来馆参观，并捐赠《海宴河清》盛世国尊

吉林省文化厅厅长马少红（右二）来馆参观

山西省文物局党组书记、局长雷建国（左二），山西博物院院长张元成（左一）来馆参观

安徽博物院院长胡敏（右）来馆参观

中国财税博物馆党委书记、馆长李玉环（前排右二）来馆参观

景德镇中国陶瓷博物馆馆长赵纲（左二）来馆参观

陕西历史博物馆副馆长庞雅妮（左三）来馆参观

中国农业博物馆副馆长邓志喜（左二）来馆参观

孙中山大元帅府纪念馆馆长程存洁（右）来馆参观

中国伟人蜡像馆馆长章默雷（左三）来馆参观

鸦片战争博物馆副馆长刘尚清（左四）来馆参观

中国华侨历史博物馆副馆长祁德贵（右二）来馆参观

上海市文史研究馆副馆长沈飞德（左二）来馆参观

邢台市邢窑研究所所长张志忠（左二）来馆参观

观众体验　Visitors' Experience

参观留言 Visitors' Comments

非常精巧别致的一座博物馆。
其中深圳民俗文化馆，动物标本馆，
印象尤其深刻。古代又兄童造像艺术展，
意大利马约里卡陶瓷展也非常有特色。
三河南洛阳新安县：张炉　张曹涛
2018. 3. 28.

深圳博物馆得到观众好评

深圳博物馆，服务热情
周到。尤其是小学生的志愿者宣
诚的解说，让人感动！
四川省江油中学
罗其国
2018. 8. 1午

观众对我馆解说服务表示感谢

大师不愧为大师，赤诚之心果真一片
赤诚。画中观小，观事，感动刹时无
言之中。这是时代背景之下真正的女人，
中国女人。
最喜欢的部分是花，饱含了对生活的态度，
对人生的态度，怎么不让人怜惜？
为博物馆的灯光的效果点赞，以及工
作人员维护良好环境的态度。
仔细翻看了前面的留言，皆为同好之人，
真好！小朋友们也很有意思。
敬上
2018. 5. 5

专题展览得到观众喜爱

猪与背影，以及
扑克牌，那神密与
宿命以及岁月的冷
与伤都不改玉良的
色彩浓烈感情悠
远。
大赞此展
本力
2018. 7. 14

Shenzhen is realy awesome.
A beautiful Place with great
People and enomous resources.
So Much to learn from.
We are humbled to visit
this great Museum.
Phyllis Kalungu
KENHA
AFRICA.
HUST.

非洲观众参观展览后留言

很高兴来到深圳
2018年，希望博物馆越
来越美好未来。
深圳李家雄
2018.

中华文化博大精深。
同样也佩服让我们了解的最新知识
的研究者。

非常精彩，
我来参观两天，拍了两天，
感觉学到挺多的，
希望引入的国外展出。
丰富文化生活。
非常感谢博物馆引入
如此精彩的展出，
第一次见玛雅文化的宽阔，
回味无穷震撼。
Km
2018.11.22

专题展览让观众有感而发

志愿者工作　Volunteer Work

队伍建设 Development

　　深圳博物馆现有志愿者 2000 多人，其中深圳义工平台注册的个人志愿者人数为 1115 人。不断规范志愿者培训和管理，修改完善规章制度，拍摄志愿者宣传片，重新设计制作小讲解员服务手册，建立小讲解员家长志愿者团队。

　　2018 年，深博志愿者团队获第六届广东志愿服务铜奖。"我讲解·你点赞——我最喜爱的深博小讲解员评选"活动被评为"深圳市文化志愿服务示范项目"。1 名志愿者获得第九届"中国博物馆十佳志愿者之星"评选提名奖，2 名志愿者被评为"深圳市优秀文化志愿者"。

深博志愿者管理委员会工作会议

拍摄志愿者宣传片

开设"深博志愿者"美篇号

培训与考核 Training and Assessment

2018年，深博志愿者增加了新的服务场馆——深圳改革开放展览馆。36名志愿者经过特别培训和考核，参与讲解"大潮起珠江——广东改革开放40周年展览"，在新的岗位服务社会。

志愿者培训

志愿者接受考核

参加党课学习

志愿者服务 Volunteer Services

　　志愿者全面参与我馆的咨询引导、秩序维护、展览讲解、外出巡展、宣传教育及大型活动的支援等工作。2018年，志愿者参与服务近7000人次，服务时间2万小时，其中讲解和导览1万多场，接待观众20多万人次。

讲解"大潮起珠江——广东改革开放40周年展览"

讲解"深圳改革开放史"展览

讲解"合中西于一冶——安徽博物院藏潘玉良绘画艺术精品展"　　　　讲解"丛林宝贝与毒瘤——深圳植物科普展"

志愿者活动 Volunteer Activities

　　2018 年，深圳博物馆进一步拓展志愿服务领域，完善规章制度，开展志愿者活动 40 多项，包括为志愿者举办十几场高质量培训和 2 场缪斯沙龙讲座，志愿者素质得到全面提高。

缪斯沙龙：《中国绘画史的几个关键词》现场

缪斯沙龙：《"香港大营救"——并不遥远的故事》现场

组织志愿者学习防身术急救技能

为志愿者庆祝生日

组织志愿者参观上海玻璃博物馆

"我讲解·您点赞——我最喜爱的深博小讲解员"评选活动

与宁波博物馆志愿者交流座谈

与浙江大学求是文化宣讲队开展交流活动

2018 年总结表彰大会暨文艺汇演
Annual Commendatory Meeting and Art Performance

2018 年 12 月 9 日，深圳博物馆举办"一路总有你，携手再出发——深博志愿者 2018 年工作总结暨表彰大会"，200 多名志愿者参加。深圳市义工联党委书记巫景钦、深圳博物馆馆长叶杨、副馆长杜鹃及部分部室负责人出席。

深博志愿者团队代表对 2018 年志愿者工作进行了回顾和总结。深圳博物馆馆长叶杨对志愿者的工作表示感谢。优秀志愿者和志愿者团队得到表彰。文艺汇演中，志愿者表演了精彩节目，展示了良好的精神风貌。

叶杨馆长致辞

杜鹃副馆长宣读获奖名单

深博志愿者团队代表作工作总结

颁发十佳志愿者之星奖

歌舞表演"一路有你"

歌唱表演"祝酒歌"

深博志愿者大合影

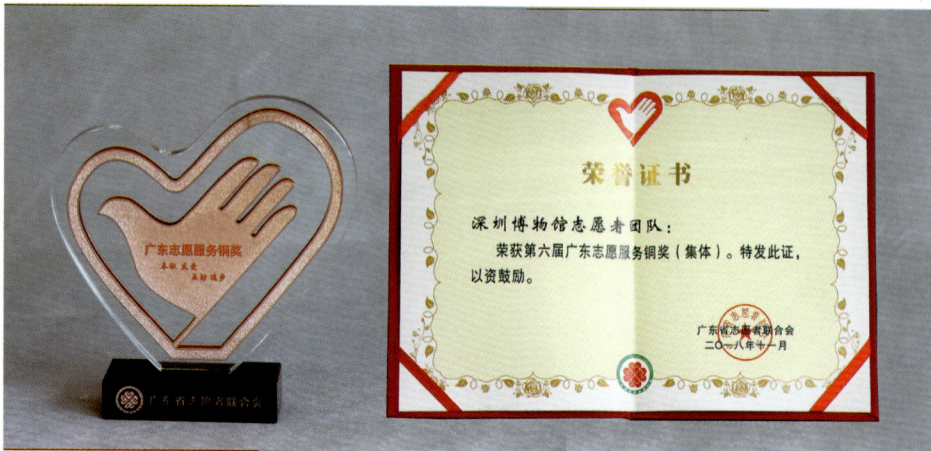

深圳博物馆志愿者团队获第六届广东志愿服务铜奖（集体）

"我讲解·您点赞——我最喜爱的深博小讲解员"评选活动获"深圳市文化志愿服务示范项目"荣誉

2018 年深圳博物馆志愿者荣誉一览表

序号	奖项	获奖者
1	第六届广东志愿服务铜奖（集体）	深圳博物馆志愿者团队
2	第九届"牵手历史——中国博物馆十佳志愿者之星"提名奖	张婕
3	第六届广东志愿服务铜奖（个人）	陈兴增
4	深圳市文化志愿服务示范项目	我讲解·您点赞——我最喜爱的深博小讲解员
5	深圳市优秀文化志愿者	范小荣、陈鸿翔
6	十佳志愿者	张　婕、黄保青、邓罗深、马　灵、陈胜华、谢　英、郭　琳、于晓梅、陈惠娟、叶　辉
7	最佳风采奖	陈鸿翔、范小荣、张勇刚、雷　镭、郑宇劼、谢德笙、李天琪、陈振东、郭思远、吴佳蔚、曹致远、何敏芝、陈语菲、张加垟、刘奕慈、张薇
8	最佳团体接待奖	胡凌霄、关媛元、刘尚达、陈龙浚、李杰铭、樊润泽、杨瑞霖、谭嘉铭、王伟铭、陈张子尧
9	小讲解员服务之星	黄　莉、罗秋香、程丹梅、任　梦、叶　辉、尹　铎、陈奇志、凌　玲、陈春华、王　虹、吴　军、孙德玉、周　颖、杨春城、曾宗长、高海燕、黄　硕、王　吉、罗静东
10	小讲解员积极服务奖	邓雅妮、武博文、陈伯宜、王玺存、李　逗、黄元泽、王芊羽、杨　凡、贾荔晴
11	优秀志愿者	梁　英、区翠云、林　晶、楼惠子、罗丽珊、柯海婴、沈光远、董振芳、崔子泽、冯君萍、孟　利、欧洁钿、尹　铎、廖　洁、凌　玲、陈奇志、周业侠、宁　凯、黄学岸、曹　蕊、曾宗长、罗静东、王　吉、韩阳冬、赖江帆、佘　平、周　颖、柳爱婷、刘轩尔、陈　丽、吴　军、邓　宇
12	最佳服务奖	陈　勉、曾　红、林贵琴、袁玉华、李柳菊、钟孔澜、黄秋巧、黄佩娟、王劲梅
13	良师益友奖	黄阳兴、蔡　明、吴翠明、李　飞
14	先进集体奖	深圳市义工联合会文化服务组、深圳博物馆志愿者团队广东改革组

社会合作 Social Cooperation

幸福客家——深圳市第十二届客家文化节
Happy Hakka: the12th Shenzhen Hakka Cultural Festival

　　活动由中共深圳市委宣传部、深圳市文学艺术界联合会主办，深圳市民间文艺家协会、深圳博物馆等单位承办，深圳市歌唱家协会、深圳市罗湖区民间文艺家协会协办，深圳市宣传文化事业发展专项基金资助，是"2018深圳创意十二月"的重要活动。

　　活动主题是"幸福客家"，共有6项活动：第二届深圳民间工艺精品展，深圳民间文艺创新发展论坛，进校园、进社区活动，市民摄影及手绘作品大赛，市民摄影及手绘优秀作品展，"新老客家 梦圆深圳"专场文艺演出。

客家文化节开幕式暨第二届深圳民间工艺精品展开展仪式

深圳民间文艺创新发展论坛

幸福深圳——市民摄影及手绘优秀作品展

进校园、进社区活动

"新老客家 梦圆深圳"专场文艺演出

深圳民间文化沙龙 Shenzhen Folk Culture Salon

　　深圳博物馆与深圳市委宣传部、深圳市文学艺术界联合会、深圳市民间文艺家协会合作举办"深圳民间文化沙龙"9场。邀请著名专家学者围绕民间文化展开研讨。

廖虹雷：《深圳都市闹元宵》

陆穗岗：《传统与现代的最后一厘米文创》

袁曼君：《一种兴趣　双重收获》

孙建军：《传统工业的振兴与文化产业发展》

2018 年深圳民间文化沙龙一览表

序号	时间	讲者	主题
1	3 月 2 日	深圳市本土文化艺术研究会名誉会长、民俗学者　廖虹雷	深圳都市闹元宵
2	3 月 28 日	著名二胡演奏家、深圳艺术学校副教授　舒希	民族音乐的现状
3	4 月 1 日	中国家具协会传统家具专业委员会主席团主席　邓雪松	乘物游艺——浅谈明式黄花梨家具的欣赏与收藏
4	4 月 7 日	深圳市民间文艺家协会副主席、研究馆员　李元庆	告诉你非遗的小秘密——锯琴艺术
5	4 月 14 日	深圳大学文化产业研究院执行院长、国家文化创新研究中心副主任、客家研究所所长　周建新	城市化与文化遗产保护
6	5 月 13 日	中国工艺美术行业协会理事、广东省民间文艺家协会副主席、广东省岭南民间工艺研究院常务副院长　陆穗岗	传统与现代的最后一厘米文创
7	6 月 2 日	深圳市首届民间艺术大师、深圳市剪纸艺术协会副会长　袁曼君	一种兴趣 双重收获
8	12 月 6 日	中国艺术研究院研究员　孙建军	传统工业的振兴与文化产业发展
9	12 月 6 日	中央美术学院教授、研究员　李振球	继承、融合与发展——当代传统手工艺的发展

《我和古琴有个约会》公益讲座和体验

I Have a Date with the Guqin: Public Lectures and Experience on the Guqin

2018 年，深圳博物馆与深圳南虞琴社合作举办《我和古琴有个约会》公益讲座和体验 20 场，传播、推广古琴文化。

为观众解析琴曲

活动现场

2018 年《我和古琴有个约会》活动场次一览表

序号	时间	主题
1	1 月 27 日	古琴艺术赏析
2	3 月 10 日	古琴艺术赏析
3	3 月 24 日	古琴艺术赏析
4	4 月 14 日	古琴，京剧艺术赏析
5	4 月 28 日	古琴艺术赏析
6	5 月 13 日	古琴艺术赏析
7	6 月 2 日	古琴，京剧艺术赏析
8	6 月 23 日	古琴艺术赏析
9	7 月 14 日	古琴艺术赏析
10	7 月 28 日	古琴，京剧艺术赏析
11	8 月 11 日	古琴艺术赏析
12	8 月 25 日	古琴艺术赏析
13	9 月 8 日	古琴，京剧艺术赏析
14	9 月 22 日	古琴艺术赏析
15	10 月 13 日	古琴，艺术品艺术赏析
16	10 月 27 日	古琴，锯琴艺术赏析
17	11 月 10 日	古琴，锯琴艺术赏析
18	11 月 24 日	古琴，太极艺术赏析
19	12 月 8 日	古琴，太极艺术赏析
20	12 月 22 日	古琴艺术赏析

"博笑堂"曲艺小剧场
"Bo Xiao Tang" Chinese Folk Art Performance

　　2018年，深圳博物馆与深圳市曲艺家协会合作举办"博笑堂"公益曲艺小剧场30场。该活动丰富了博物馆文化服务的形式和内容，为观众提供欣赏、体验传统文化的机会，又让传统曲艺文化得到新的演绎，推动其传承发展。

群口板书《羊续悬鱼》

群口相声《红花绿叶》

小品《传递》

双簧《欢歌笑语》

演员合影

精彩表演深受观众喜爱

业界交流 Professional Exchanges

成立深圳市博物馆协会
Establishment of Shenzhen Museums Association

　　12月18日，深圳市博物馆协会成立大会在深圳博物馆举行，郭学雷副馆长任首任会长。深圳市文体旅游局副局长陈绍华在大会致辞，并向深圳市博物馆协会授牌。

出席成立大会的领导和嘉宾合影

成立大会现场

河源市博物馆藏明代素三彩保护修复项目结项验收

Completion of the Project of Protecting and Restoring the Plain Three-Colour Porcelains of the Ming Dynasty in the Collection of Heyuan Museum

12月15日，河源市博物馆在深圳博物馆组织召开"河源市博物馆藏明代素三彩保护修复项目"结项验收会。与会专家实地检查修复后的文物状况，查阅文物修复档案及相关资料，听取专题汇报，经充分讨论，同意该项目通过验收。我馆文物保护工作得到专家组的充分肯定。项目也为提升两馆文物保护人员的技术水平、加深交流合作，促进文物保护事业发展奠定良好基础。

验收会议现场

专家检查修复后的文物状况

与会专家合影

推进展览合作 Exhibition Cooperation

9月，郭学雷副馆长带队赴浙江省博物馆与西泠印社，对2019年"吴越国佛教艺术展"与"吴昌硕书画篆刻艺术展"开展实地调研、讨论展览细节等合作事宜。

10月，组织人员赴浙江宁波博物馆、黄岩博物馆、温州博物馆等单位参观调研，与相关工作人员进行工作交流，洽谈2019年"吴越国佛教艺术展"展览相关事宜。

调研浙江省博物馆

与西泠印社洽谈展览合作

赴宁波博物馆洽谈展览事宜

调研温州博物馆

调研黄岩博物馆

与美国环球健康与教育基金会加强合作
Strengthening the Cooperation with the Behring Global Educational Foundation

4月24日，美国环球健康与教育基金会主席肯尼斯·贝林先生到访深圳博物馆，在动物标本捐赠等方面推进深入合作。

杜鹃副馆长（左三）贝林先生（左二）在机场合影

参与"伟大的变革——庆祝改革开放40周年大型展览"相关工作
Participating in the Relevant Work of a Major Exhibition to Commemorate the 40th Anniversary of China's Reform and Opening-up

深圳博物馆参与展览"春天的故事"章节的大纲撰写和资料收集。

召开深圳改革开放展览馆建设现场推进暨"春天的故事"筹展工作汇报会

接待深圳市史志办、深圳市政协来馆调研

Receiving the Shenzhen Office of Local Chronicles Compilation and Shenzhen Committee of Chinese People's Political Consultative Conference for Investigation and Research

　　3月7日和4月3日，深圳市政协委员、市史志办公室巡视员、市方志馆馆长黄玲带队，来我馆调研深圳历史文物征集、收藏、保存、研究、展示工作经验，以及优秀传统文化传承工作。调研组与蔡惠尧副馆长座谈，参观文物修复保护实验室，了解文物保护、分析检测工作开展情况，并对我馆的非遗工作予以肯定，在非遗立法、成立非遗保护基金、保护机制、人才培养等方面提出意见。

与深圳市史志办座谈

召开"深圳市政协调研工作会议"

与伦敦自然历史博物馆实现交流互访

Exchanges and Mutual Visits with London's Natural History Museum

　　1月，杜鹃副馆长带队调研考察德国森根堡自然博物馆、德国柏林自然历史博物馆和伦敦自然史博物馆，并与伦敦自然史博物馆就合作办展、标本征集、场馆规划建设等事宜进行洽谈。3月，伦敦自然历史博物馆来访交流，与我馆就自然博物馆建设及长期合作达成一致意见。

调研伦敦自然历史博物馆

与伦敦自然历史博物馆洽谈合作办展

与伦敦自然历史博物馆座谈交流

调研德国森根堡自然博物馆

调研德国柏林自然历史博物馆

向其他单位提供改革开放相关资料内容
Providing Relevant Materials on Reform and Opening-up to Other Institutions

为中央电视台综合频道《深圳四十年》栏目组提供改革开放相关资料

文创产品进机场
Selling Creative Cultural Products at Airport

文创产品进驻广州白云机场展销

培训指导 Training and Tutorials

为河源市博物馆举办文物保护修复人员培训班。为南山博物馆提供展览策划、展品点交、文物摄影、文物保管、文物总账等业务培训。为其他单位提供讲解员培训等服务。

开展"河源市博物馆文物保护修复人员培训班"

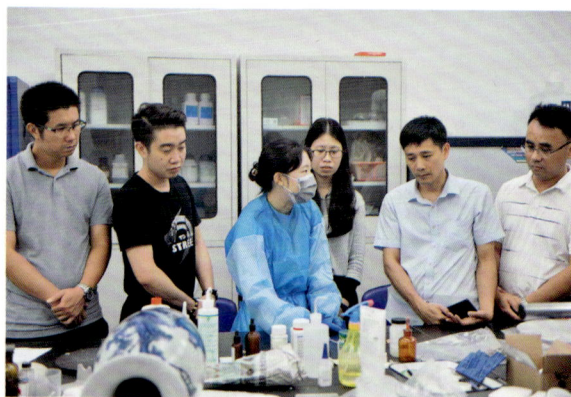
向河源市博物馆工作人员讲授文物修复知识

为深圳市史志办讲解员提供培训

为南山博物馆工作人员培训文物点交及展览相关知识

向南山博物馆工作人员讲授文物摄影方法

为南山博物馆工作人员培训藏品管理知识

文创产品　Creative Cultural Products

　　新开发文创产品 40 多种 200 多款，生产产品 4.4 万多件。其中配合"大潮起珠江——广东改革开放 40 周年展览"开发文创产品 21 种近百款。

"大潮起珠江——广东改革开放 40 周年展览"主题文创产品
Products for the Exhibition of Great Tides Surge Along the Pearl River: 40 Years of Reform and Opening-up in Guangdong

改革开放 40 周年纪念银章、邮折

广东 21 个地市明信片

复古磁带移动电源

丝巾

"自然的力量——洛杉矶郡艺术博物馆藏古代玛雅艺术品"主题文创产品

Products for the Exhibition of Forces of Nature: Ancient Maya Arts from the Los Angeles County Museum of Art

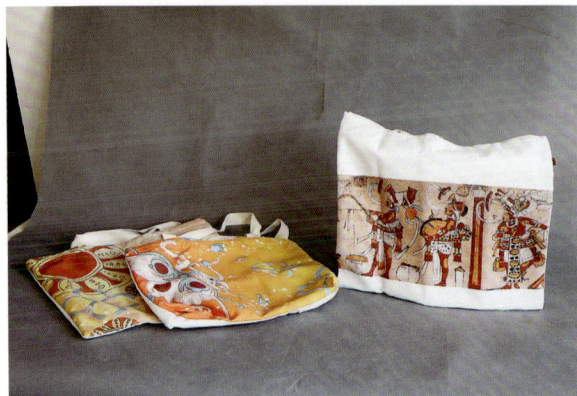

购物袋

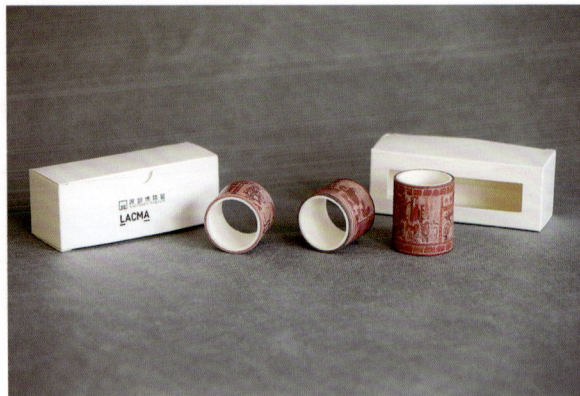

和纸胶

文件袋

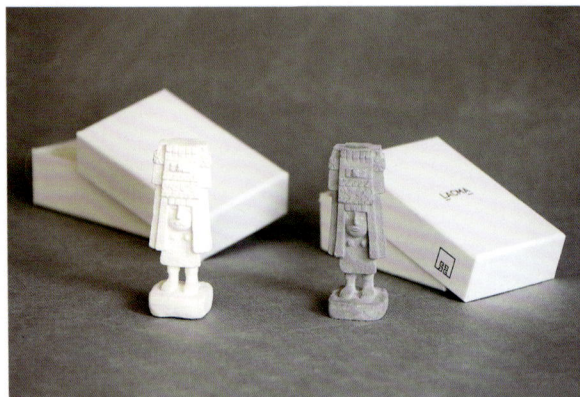

精油石

其他新开发的文创产品 Other New Creative Cultural Products

"花开富贵"名片夹

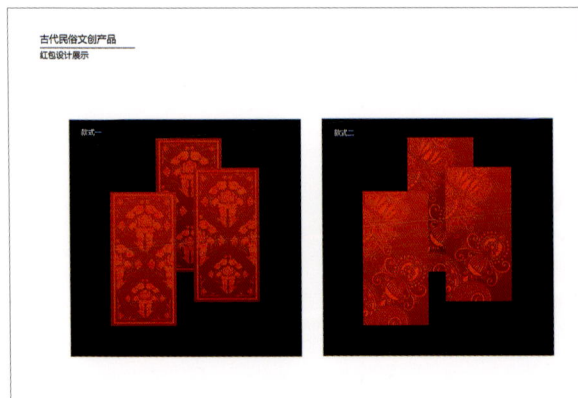

古代民俗文创产品——红包设计展示

首届"天誉杯"深圳博物馆历史文创产品设计大赛
The 1st "Tianyu Cup" Shenzhen Museum Creative Cultural Products Design Competition

5月，由深圳博物馆、天誉实验学校合办的首届"天誉杯"深圳博物馆历史文创产品设计大赛终评暨颁奖典礼圆满落幕。大赛共收到439份学生作品和66份教师作品。经过三轮评选，部分优秀作品脱颖而出，并进行开发。

评委对参赛作品评审、投票

嘉宾为获奖者颁发奖状

部分已开发的产品

藏品工作

Collections

藏品征集　Exhibits Collecting

　　征集到珍稀陆生动物标本、海洋动物标本、昆虫标本和精品矿物晶体标本 1000 余件（套）。接收深圳市财政委员会公物仓调拨实物 279 件（组），入藏深圳市机关事务管理局捐赠的 3 幅书画。

深圳市烙画艺术协会向我馆捐赠 6 幅烙画作品

接收深圳市机关事务管理局捐赠的书画

矿物标本开标现场

验收自然标本

动物标本开标现场

标本运输入库

1982 年刘海粟《松鹰图》轴

画心纵 144、横 365 厘米，裱纵 168、横 417 厘米

此作为深圳鹏城所画，为刘海粟大幅作品。

1987 年关山月、朱屺瞻等《春回大地图》轴

画心纵 144、横 364 厘米，裱纵 165、横 404 厘米

此作是 1980 年代朱屺瞻、关山月、黎雄才、董寿平等 72 位著名画家在深圳的文化活动上集体创作。

1989 年秦岭云、陈大章等《东山放鹤图》轴

画心纵 137、横 357 厘米，裱纵 157、横 392 厘米

此作为秦岭云、陈大章等画，黄苗子题，中国书画名家 1989 年元旦新年聚会合作创作。

长须鲸剥制皮张标本和干制骨骼标本

放射状水晶集合体

绿色立方体萤石

环尾狐猴标本

美洲狮标本

藏品管理　Collection Management

文物管理 Cultural Relics Management

　　点交、整理托管藏品 2000 多件（套）。完成开放架上金石类文物的盘点，初步盘点了馆藏书画藏品，正在开展柜内金石类文物的盘点。接收新制作的文物囊匣。完成我馆陶瓷、青铜器文物赴无锡博物院、河源市博物馆展览的点交工作。向南山区法律博物馆、深圳市政府办公厅借展展品。开展将我馆总账纳入国有资产管理体系相关工作。

与深圳画院协商借展事宜

接收文物囊匣

盘点金石类文物

点收陶瓷文物

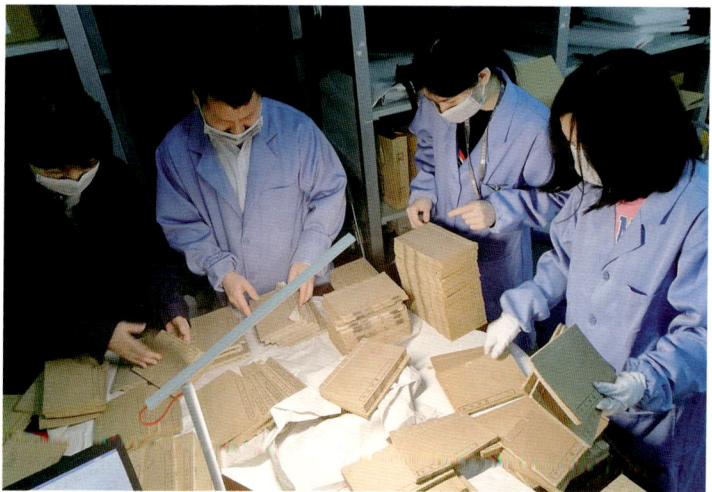

整理民间藏家托管文物

测量书画尺寸

藏品保护　Collection Preservation

工作概况 Briefing

制订文物保护修复方案 11 项，完成修复档案 3 项。绘制文物病害图 65 份。修复保护文物 56 件（套），其中 36 件为本馆藏品，20 件为河源市博物馆及南山博物馆等其他单位藏品。完成本馆、深圳市文物考古鉴定所、河源市博物馆等共 32 件文物藏品或样品的分析检测。定期对本馆馆藏及民间藏家托管文物中的古籍、木质文物进行熏蒸消杀。

《深圳博物馆馆藏文物预防性保护研究》项目上报进行财务验收。继续开展《深圳博物馆陶瓷器仿釉技术研究》课题相关工作。

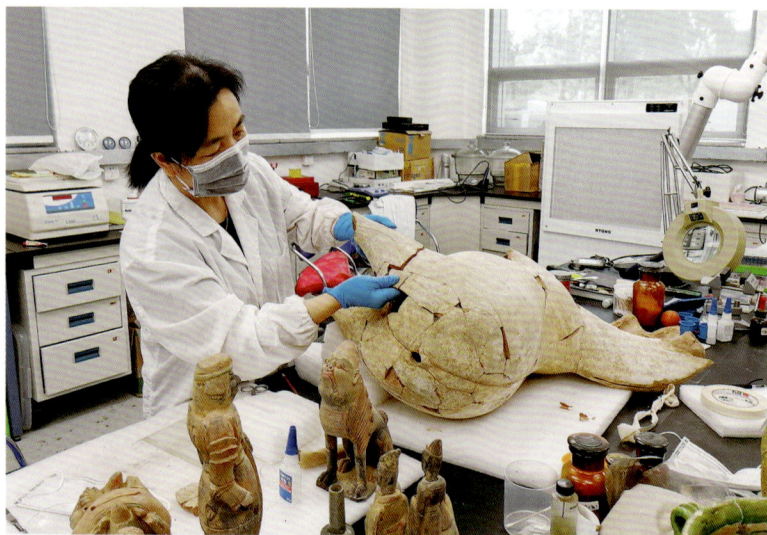

汉代陶马保护修复

木质文物表面清洁处理

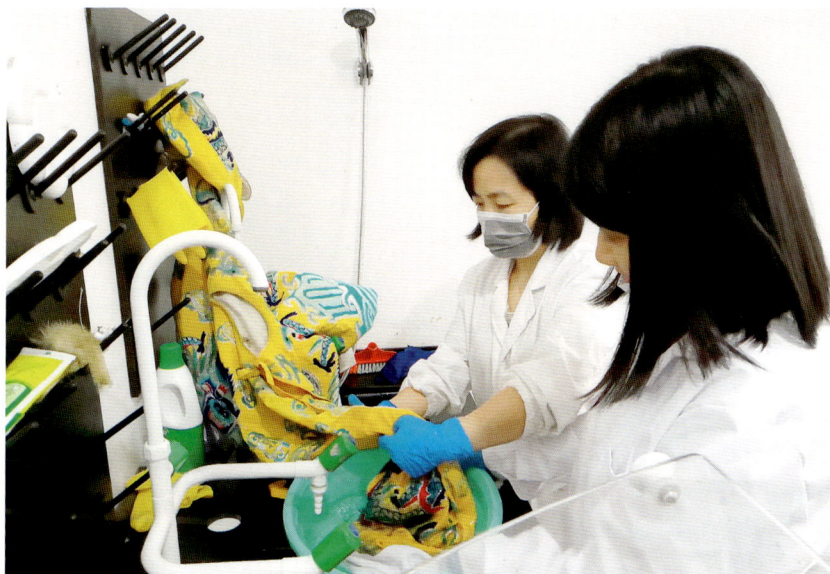

馆藏潮剧戏服清洗处理

明素三彩陶罐保护修复

银质文物保护处理

文物熏蒸消杀

文物修复 Restoration of Relics

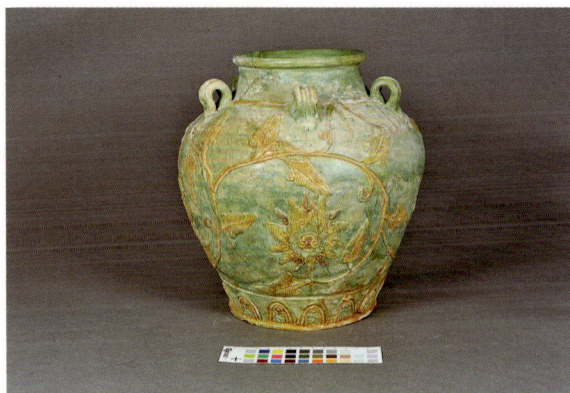

明素三彩陶罐保护修复前后对比

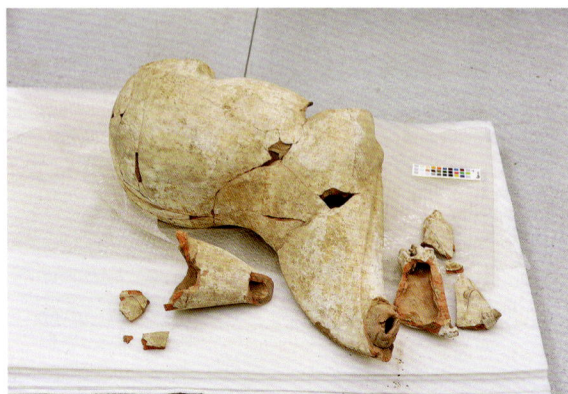

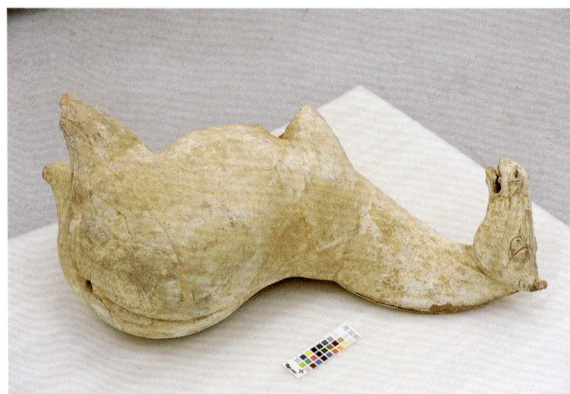

汉代陶马保护修复前后对比

铜像保护处理前后对比

2018 年修复文物一览表

序号	器物名称	收藏单位	数量	级别
1	银簪	深圳博物馆	1	未定级
2	银饰（耳环）		2	未定级
3	银钗		3	未定级
4	银镯		2	未定级
5	小银人		1	未定级
6	银镯		1	未定级
7	编号陈 238 人物铜像	民间藏家托管文物	1	未定级
8	编号陈 239 人物铜像		1	未定级
9	编号陈 240 人物铜像		1	未定级
10	编号陈 242 人物铜像		1	未定级
11	未编号人物铜像		1	未定级
12	体质监测设备	深圳改革开放展览馆展品 / 藏品	1	未定级
13	蓝鲸一号模型		1	未定级
14	广汽发动机模型		1	未定级
15	珠影摄影机		1	未定级
16	梅州征集来的瓷盘		1	未定级
17	妙智设备		1	未定级
18	珠海无人船模型		1	未定级
19	磁卡电话机		1	未定级
20	信宜转播台设备		1	未定级
21	网易"大话西游"手办		1	未定级
22	大亚湾核电站模型		1	未定级
23	广药机械天平		1	未定级
24	省林业厅征集来的造林工具		1	未定级
25	"时间就是金钱"牌匾		1	未定级

序号	器物名称	收藏单位	数量	级别
26	亿航无人机模型		1	未定级
27	河源征集来的榨油木构件		1	未定级
28	潮剧戏服		3	未定级
29	缝纫机		2	未定级
30	明素三彩剔花花卉五系罐		2	二级
31	明素三彩剔花花卉五系罐		2	三级
32	宋褐釉佛像人物贴塑波浪弦纹塔形盖陶魂罈	河源市博物馆	1	二级
33	东汉四系陶罐		2	未定级
34	明青花花卉纹碗		2	未定级
35	宋青白釉海棠口瓷碗		1	未定级
36	青釉净瓶		1	未定级
37	汉代陶马		1	未定级
38	陶镇墓兽		1	未定级
39	陶人物俑	南山博物馆	5	未定级
40	陶马		1	未定级
41	陶骆驼		1	未定级

文物分析检测 Analysis and Test of Relics

馆藏脱釉青瓷 X 射线荧光能谱分析

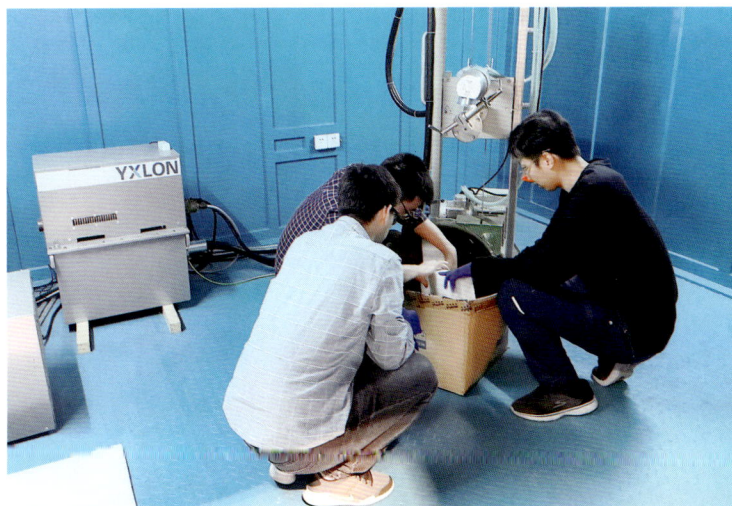

六鳌铜釜耳部 X 射线探伤分析

战国双箍青铜剑 X 射线探伤分析

2018 年文物分析检测清单

序号	器物名称	收藏单位	分析检测项目	分析检测方法
1	清绿釉青花纹瓷盘	深圳博物馆	釉层结构观察	体视显微镜
2	邓小平铜像		锈层元素、锈层成分	X 射线荧光能谱、显微红外光谱
3	脱釉青瓷 1		胎、釉元素分析	X 射线荧光能谱
4	脱釉青瓷 2			
5	脱釉青瓷 3			
6	脱釉青瓷 4			
7	脱釉青瓷 5			
8	脱釉青瓷 6			
9	脱釉青瓷 7			
10	脱釉青瓷 8			
11	脱釉青瓷 9			
12	窄流平底铜爵 S4691		锈蚀物、透明膜状物质成分分析	显微红外光谱
13	六錾铜釜 S4493		錾耳部内部结构等	X 射线探伤分析
14	红绿彩瓷片 1		釉层结构观察	体视显微镜、X 射线荧光能谱
15	红绿彩瓷片 1			
16	明素三彩陶罐	河源市博物馆	修复用自制补土元素分析	X 射线荧光能谱
17	宋褐釉陶魂罎		微观形貌、胎釉元素组成、残胶成分分析	体视显微镜、X 射线荧光能谱、显微红外
18	战国双箍青铜剑		胶与锈蚀物形貌、胶与锈蚀物成分、锈蚀及本体元素分析	体视显微镜、显微红外光谱、X 射线荧光能谱、X 射线探伤
19	泉州瓷片	泉州海外交通史博物馆	胎、釉元素分析	X 射线荧光能谱
20	青花瓷片 1	深圳市文物考古鉴定所	釉层元素分析	X 射线荧光能谱
21	青花瓷片 2			

序号	器物名称	收藏单位	分析检测项目	分析检测方法
22	青花瓷片 3	深圳市文物考古鉴定所	样品内部微观结构	光学相干层析成像
23	腐蚀瓷片（海捞）	深圳市文物考古鉴定所	样品内部微观结构	光学相干层析成像
24	脱釉青瓷残片 1	深圳博物馆	微观区域的形貌、元素分布；烧成温度	扫描电子显微镜及EDS；热膨胀
25	脱釉青瓷残片 2	深圳博物馆	微观区域的形貌、元素分布；烧成温度	扫描电子显微镜及EDS；热膨胀
26	脱釉青瓷残片 3	深圳博物馆	微观区域的形貌、元素分布；烧成温度	扫描电子显微镜及EDS；热膨胀
27	脱釉青瓷残片 4	深圳博物馆	微观区域的形貌、元素分布；烧成温度	扫描电子显微镜及EDS；热膨胀
28	脱釉青瓷 H3176	深圳博物馆	样品内部微观结构	光学相干层析成像
29	脱釉青瓷 H3172	深圳博物馆	样品内部微观结构	光学相干层析成像
30	脱釉青瓷 H3149	深圳博物馆	样品内部微观结构	光学相干层析成像
31	修复用有机材料第二批		成分分析	显微红外光谱
32	修复用有机材料第三批		成分分析	显微红外光谱

学术研究
Research

课题研究　Subject Study

深圳博物馆陶瓷器修复仿釉技术研究
Research in Ceramic Glaze Repair Technology of Shenzhen Museum

　　进行了低温铅釉仿釉材料的筛选与应用研究，进展顺利，取得阶段成果。通过古代铅釉陶器釉面的 X 射线能谱分析和显微形貌观察，经实验选取天然孔雀石粉、密陀僧、赭石、合成群青 4 种色粉，混合丙烯酸类高登修复釉，层叠涂刷，作为绿、黄、紫褐三种典型铅釉色的仿釉材料。该配方成功用于河源市博物馆馆藏 4 件素三彩陶罐的修复，并通过专家验收。

黄色铅釉显微照片

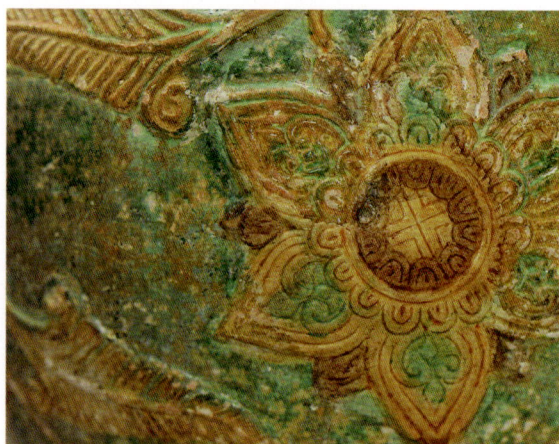

铅釉陶罐局部修复前后对比

学术会议　Academic Conferences

举办中国博协城市博物馆专委会第十届学术年会
Hosting the 10th Annual Convention of the Cities' Museums Committee of Chinese Museums Association

　　11 月 27 日，中国博物馆协会城市博物馆专委会第十届学术年会在深圳改革开放展览馆举行，主题为"博物馆与城市共同成长——改革开放 40 年我们一起走过"。深圳市副市长吴以环，市文体旅游局党组书记、局长张合运，以及来自全国 40 多家博物馆的馆长、专家学者共 70 多人参加会议。叶杨馆长作了《与改革开放和特区一起成长——深圳博物馆发展之路》主题发言。

　　会议期间，专委会进行了换届选举。叶杨馆长当选新一届专委会主任委员，副馆长杜鹃当选副秘书长。

参会嘉宾合影

吴以环副市长在开幕式上致辞

叶杨馆长作主题发言

专家学者在学术交流环节发言

主题发言一览表

序号	讲者	主题
1	深圳博物馆馆长　叶杨	与改革开放和特区一起成长——深圳博物馆发展之路
2	上海市历史博物馆馆长　胡江	从上博到历博——看城市文化的创新点
3	首都博物馆党委副书记　靳菲	和北京一起绽放——回眸首博 40 年
4	郑州博物馆副馆长　郭春媛	展示厚重文明 留下城市记忆——改革开放 40 年来展览视角下的郑州博物馆城市记忆
5	苏州博物馆党总支书记　钱兆悦	城市文化进程中博物馆的角色演变——以苏州博物馆为例
6	廊坊博物馆副馆长　苑晓光	照片里的记忆——借一张照片，讲述那些年您和廊坊的故事
7	大连现代博物馆馆长　姜晔	城市博物馆——变革时代的参与者和见证者

中西陶瓷贸易与外销瓷艺术学术研讨会

Academic Seminar on the Ceramic Trade between China & the West and Art of Exported Chinaware

　　3月17～18日，配合"千年马约里卡——意大利法恩扎国际陶瓷博物馆典藏"展，我馆举办"中西陶瓷贸易与外销瓷艺术学术研讨会"，邀请来自故宫博物院、上海博物馆、台北故宫博物院、广东省博物馆、复旦大学、香港中文大学、香港城市大学、台湾大学、深圳市文物考古鉴定所、深圳望野博物馆等机构的20多名专家学者，围绕中国与中东地区的陶瓷文化交流、"中国风"与明清外销瓷以及海外外销瓷文物收藏等问题进行探讨，为推进中西陶瓷贸易与明清外销瓷艺术、西方近代陶瓷发展等研究提供了重要学术参考。

郭学雷副馆长出席研讨会

研讨会现场

专家交流

研讨会专家报告一览表

序号	讲者	报告题目
1	深圳博物馆副馆长、研究员　郭学雷	金朝与大食的陶瓷技术交流与互动
2	复旦大学博物馆执行馆长、文博系教授刘朝晖	明清外销瓷在欧洲的改装和重饰——以金属镶嵌为中心
3	深圳市文物考古鉴定所所长　任志录	伊斯兰蓝彩陶器简述
4	深圳望野博物馆馆长　阎焰	中国早期陶瓷中的"异域风"
5	上海博物馆陶瓷部副研究员　陈洁	印度德里菲洛兹堡出土陶瓷研究
6	香港中文大学文物馆前馆长、中国文化研究所研究员　林业强	西风东渐——闽海郑氏木扉捐赠香港中文大学文物馆外销瓷中的西洋题材
7	广东省博物馆藏品管理与研究部主任、研究馆员　黄静	惊艳——"中国风"与明清外销瓷
8	香港中文大学艺术系博士候选人　高洋	美国国纽约州樱桃山丘所藏中国瓷器研究
9	上海博物馆陶瓷部主任、研究员　陆明华	明清宜兴外销紫砂的文化现象
10	台北故宫博物院器物处处长、研究员余佩瑾	多面体造型及相关问题——以乾隆朝玻璃胎画珐琅黄地福寿八楞瓶为例
11	香港中文大学文物馆助理研究主任王冠宇	早期来华葡人与中葡贸易——由一组 1552 年铭青花玉壶春瓶谈起
12	台湾大学艺术史研究所教授　谢明良	"壮罐"的故事

学术研讨　Academic Seminars

2018 年员工赴馆外参加学术会议和讲座一览表

序号	会议名称	时间	地点	举办单位
1	台山市博物馆瓷器专题讲座	1 月	广东省台山市	台山市博物馆
2	"秘色青瓷背后的故事：重走海上丝绸之路"主题讲座	1 月	广东省深圳市	深圳书城中心城
3	"华南地区历史、民俗与非遗"学术研讨会	3 月	香港特别行政区	珠海学院香港历史文化研究中心
4	中国文物保护技术协会第七次全国会员代表大会	3 月	北京市	中国文物保护技术协会
5	"观照自在——中国古代观音造像艺术展"文博讲座	3 月	江苏省南通市	南通博物苑
6	汉唐釉陶学术研讨会	4 月	河南省郑州市	河南省文物考古学会、郑州大象陶瓷博物馆
7	"亚洲陶瓷史与物质文化研究：兼论宜兴紫砂在全球史中的定位"国际学术研讨会	4 月	台湾省台北市	台湾大学艺术史研究所
8	"藏传佛教艺术史研究新趋向"国际学术研讨会	4 月	美国	美国哈佛大学燕京学社
9	哈佛大学燕京学社学术讲座	4 月	美国	美国哈佛大学燕京学社
10	美国克兰布鲁克艺术学院讲座	5 月	美国	美国刘新园亚洲艺术基金、美国克兰布鲁克艺术学院
11	中国唐代文学学会第十九届年会暨唐代文学国际学术研讨会	8 月	上海市	中国唐代文学学会、复旦大学中国古代文学研究中心、复旦大学中文系、上海师范大学唐诗学研究中心
12	《藩府佳器——明代正统景泰天顺三朝景德镇窑业特展》讲座	8 月	江西省景德镇市	景德镇唐英学社、香港永宝斋古陶瓷研究中心
13	"填空补白Ⅱ：考古新发现景德镇十五世纪中期御窑瓷器"学术研讨会	9 月	香港特别行政区	香港中文大学文物馆、江西景德镇御窑博物馆

序号	会议名称	时间	地点	举办单位
14	中国文物保护技术协会第十次学术年会	9 月	山西省太原市	中国文物保护技术协会
15	第五届国际磁州窑论坛——"磁州窑与吉州窑文化之交流、传承与创新"学术研讨会	9 月	河北省邯郸市	中国古陶瓷学会、河北省文物局、磁县人民政府
16	深圳市直机关工委系统"巾帼讲堂"讲座	9 月	广东省深圳市	深圳市直机关工委
17	"理念•实践——博物馆变迁"学术研讨会	10 月	天津市	中国博物馆协会博物馆学专业委员会
18	第七届"西藏考古与艺术国际学术讨论会"	10 月	四川省成都市	四川大学中国藏学研究所、故宫博物院藏传佛教文物研究所
19	"彝鼎烧异香 胆瓶插嫩菊——文物视角下的'烧香'与'插花'文博讲座	11 月	广东省河源市	河源市博物馆、深圳博物馆
20	首届"陶瓷之路——陶瓷考古新发现与新研究"京师论坛	11 月	北京市	北京师范大学历史学院、中国考古学会
21	"翟门生的世界：石刻上的南北朝"学术研讨会	11 月	广东省深圳市	深圳市南山博物馆、深圳市金石艺术博物馆
22	中国博物馆协会藏品保护专业委员会 2018 年学术研讨会	11 月	福建省福州市	中国博物馆协会藏品保护专业委员会
23	"大肉庄•名家大课"杭州站	11 月	浙江省杭州市	杭州宋庄文化创意有限公司
24	第六届粤港澳博物馆专业论坛	11 月	澳门特别行政区	广东省文物局、香港康乐及文化事务署、澳门文化局
25	承传与发展：首届孙中山研究青年学术研讨会	11 月	广东省中山市	广东省社会科学院历史与孙中山研究所、民国史研究中心联合中山大学历史学系
26	首届江南文脉论坛	12 月	江苏省无锡市	江苏省委宣传部
27	第二届京津冀、长三角、珠三角博物馆高峰论坛	12 月	江苏省南京市	南京博物院
28	"海丝文物鉴赏培训"活动	12 月	广东省广州市	广州市文物博物馆学会

郭学雷副馆长出席"亚洲陶瓷史与物质文化研究：兼论宜兴紫砂在全球史中的定位"国际学术研讨会，作题为《从新安沉船出水瓷器看元朝及日本镰仓时代茶文化的变迁》的发言

郭学雷副馆长参加第五届国际磁州窑论坛——"磁州窑与吉州窑文化之交流、传承与创新"学术研讨会，作题为《大食米奈陶与金代红绿彩瓷》的发言

蔡惠尧副馆长参加"第六届粤港澳博物馆专业论坛"，作题为《新时代的深圳博物馆事业》的发言

蔡惠尧副馆长参加"第二届京津冀、长三角、珠三角博物馆高峰论坛"，作题为《博物馆的服务与被服务》的发言

卢燕玲参加中国博物馆协会藏品保护专业委员会2018年学术研讨会，作题为《馆藏文物预防性保护的实践与思考——以深圳博物馆馆藏文物预防性保护项目实施为例》的发言

黄阳兴参加"藏传佛教艺术史研究新趋向"国际学术研讨会，作题为《汉藏融合——元代景德镇青白瓷塑与藏传佛教艺术管窥》的发言

李飞参加"承传与发展——首届孙中山研究青年学术研讨会"，提交论文《清末新政中的官绅民困境——以1910年广东新安抗钉门牌事件为例》并发言

李飞参加"理念·实践——博物馆变迁"学术研讨会，作题为《清末新政(1901~1911)与中国近代博物馆事业：一个从理念到实践的考察》的发言

2018 年员工赴馆外参加培训一览表

序号	培训班名称	时间	地点	举办单位
1	2018 年第一期综合档案业务培训班	3 月	广东省深圳市	深圳市档案信息管理培训中心
2	第二届表面分析技术研讨会暨 XPS 高阶应用培训班	3 月	广东省深圳市	清华大学深圳研究生院
3	2018 年深圳市文体旅游局党务纪检干部党性教育培训班	3 月	江西省井冈山市	深圳市文体旅游局
4	2018 年深圳市文化遗产保护与利用培训班	4 月	湖南省长沙市	全国基层文化队伍培训（湖南）基地
5	2018 年第二期综合档案业务培训班	7 月	广东省深圳市	深圳市档案信息管理培训中心
6	2018 年深圳市非物质文化遗产代表性传承人培训班	7 月	广东省深圳市	深圳市文物管理办公室
7	广东文创联盟首届成员大会暨 2018 年广东文创业务培训班	8 月	广东省广州市	广东文创联盟、广东省博物馆
8	广东省非物质文化遗产保护工作业务骨干高级研修班	9 月	浙江省杭州市	广东省非物质文化遗产保护中心
9	2018 年国家级非物质文化遗产代表性项目记录成果梳理和遴选工作培训班	10 月	广东省广州市	广东省文化厅
10	粤港澳文物保护及修复专业培训班（第二期）：木质文物修复	10 月	香港、澳门特别行政区，广东省广州市、阳江市	香港康乐及文化事务署
11	2018 年广东省非物质文化遗产管理人员培训提高班	10 月	广东省东莞市	广东省文化厅
12	第二期可移动文物预防性保护与修复技术培训班	11 月	河南省郑州市	中国文物保护技术协会

重要著作　Published Literature

2018年，深圳博物馆出版学术著作、图录3本。

2018年学术著作、图录出版一览表

序号	编著者	著作名称	出版社	时间	类型
1	深圳博物馆	《传承之道——深圳博物馆藏经部古籍善本图录》	文物出版社	4月	图录
2	深圳博物馆、宝鸡青铜器博物院、宝鸡市周原博物馆	《周邦肇作——陕西宝鸡出土商周青铜器精华》	文物出版社	10月	图录
3	深圳博物馆	《深圳博物馆2017》	文物出版社	12月	专著

（以出版时间先后排序）

《深圳博物馆2017》

　　从展览陈列、教育宣传、社会服务、藏品工作、学术研究、非遗保护、建设与管理等方面，系统梳理和回顾深圳博物馆2017年的工作情况、工作亮点和工作经验。

《传承之道——深圳博物馆藏经部古籍善本图录》

《周邦肇作——陕西宝鸡出土商周青铜器精华》

论文发表　Published Papers

2018 年，深圳博物馆研究人员公开发表学术论文 48 篇。其中，在《文物天地》发表纪念改革开放四十周年专题论文 9 篇。

2018 年学术论文发表情况

序号	作者	论文题目	刊物名称	时间
1	王昌武、高晓防	山西临县清明节俗的发展与传承	中国传统节日文化研究·清明	12 月
2	牛　飞	X 射线探伤在接底陶瓷器鉴定中的应用	文物鉴定与鉴赏	1 月
3	牛　飞	吉州窑黑釉瓷器的修复技术研究	陶瓷	2 月
4	牛　飞	蒸汽清洗机在木器清洗中的应用	清洗世界	3 月
5	牛　飞	陶瓷再修复中拆胶技术的研究	粘接	3 月
6	牛　飞	清代木座铁炮的保护修复研究	客家文博	4 月
7	牛　飞	几种表面处理技术在金属文物修复中的应用	电镀与涂饰	8 月
8	牛　飞	陶瓷修复中粘接面的可逆层制备与性能研究	中国胶粘剂	9 月
9	牛　飞	铁 - 木复合质地文物的保护修复——以三件兵器为例	中国文物科学研究	10 月
10	叶　杨	深圳博物馆筹备改革开放主题展陈的若干思考	文物天地	12 月
11	付　莹	深圳城市化转地政策对新型城镇化土地制度改革的启示	深圳大学学报（人文社会科学版）	3 月
12	付　莹	"文物"概念的法律界定刍论	中国文物科学研究	3 月
13	史　瑶	市场竞争环境下西方博物馆的应对策略及其启示	博物院	1 月
14	刘剑波	浅谈博物馆如何办好自然科普展览——以深圳博物馆为例	文物世界	6 月
15	刘红杰	陨石价值与收藏	东方藏品	4 月
16	刘红杰	翡翠的"种"与品质论评	文物鉴定与鉴赏	6 月
17	刘红杰	博物馆科普展览内涵的创新与拓展	文化创新比较研究	8 月

序号	作者	论文题目	刊物名称	时间
18	刘红杰	深圳大鹏半岛植物化石遗迹价值与教育启智	遗产与保护研究	8月
19	乔文杰	深圳博物馆藏徐三庚篆刻精品赏析	文物天地	12月
20	张小兰	从出土文物看广东地区的移民文化变迁——以广东秦汉至元代出土陶瓷器为例	文物世界	4月
21	李飞	中国近代早期博物馆史研究三题	博物院	4月
22	李飞	金石与美术：中国现代古物保护观念的起源	文博学刊	4月
23	李飞	何谓教育博物馆：一个值得澄清的历史概念	中国博物馆	9月
24	李飞	陶斋博物馆与晚清金石文化转型	中国国家博物馆馆刊	12月
25	李飞	以展览促文化联动——"静谧人生：粤港澳藏孙中山次女孙琬戴恩赛伉俪文物联展"策展纪略	文物天地	12月
26	吴翠明	"内心戏"十足的博物馆策展人如何"讲故事"（上）	中国文物报	7月
27	吴翠明	"内心戏"十足的博物馆策展人如何"讲故事"（下）	中国文物报	8月
28	吴翠明	历史的温度——改革开放展览中的大历史情结和小人物光辉	文物天地	12月
29	吴翠明	博物馆人该如何用"讲故事"让文物"活起来"	新问题·新实践·新成果论文集	12月
30	张媛媛	引进"核心概念"，提升博物馆科学教育——以自然博物馆的进化论教育为例	自然科学博物馆研究	11月
31	杨荣昌	我国非物质文化遗产保护历程回顾	深圳客家	1月
32	杨荣昌	墟市类型遗产的保护实践——以深圳观澜墟保护为例	文博学刊	10月
33	马涛、杨玉洁、金爽	传统制瓷工艺对海洋出水瓷器保护修复的研究意义——以宋代景德镇窑青白瓷为例	文物保护与考古科学	10月
34	郭学雷	广彩的起源及其早期面貌	东方收藏	6月
35	郭学雷	太行古陉、黄河古道与晋陕冀豫的陶瓷产品与技术交流	山河相依 窑火辉映——晋陕豫冀宋辽金元瓷艺	12月

序号	作者	论文题目	刊物名称	时间
36	海 鸥	"互联网+"时代下博物馆文化产业发展的一些思考	数字化用户	6 月
37	海 鸥	物联网技术在博物馆环境监测中的应用	科技视界	6 月
38	海 鸥	浅谈博物馆室内定位导航应用	文物鉴定与鉴赏	6 月
39	海 鸥	智慧博物馆智能感知的应用研究——以可见光通信技术为例	遗产与保护研究	8 月
40	黄阳兴	风物长宜放眼量——近十年来深圳博物馆古代艺术研究的突破与成果	文物天地	12 月
41	黄阳兴、周庭熙	深圳博物馆举办"物华天宝——辽宁朝阳北塔出土文物展"	中国文物报	9 月
42	崔孝松	深圳历次行政管理体制改革述评及展望——以现代文明社会理论为视角	特区实践与理论	12 月
43	董 杰	千年马约里卡精粹	文物天地	12 月
44	喻 珊	深圳博物馆藏耀州窑精品赏析	文物天地	12 月
45	蔡 明、黄阳兴	回顾近十年深圳博物馆的临时专题展览	文物天地	12 月
46	蔡惠尧	互为表里：深圳历史与民俗	华南地区历史、民俗与非遗学术研讨会论文集	9 月
47	蔡惠尧、刘 晓	大潮起珠江——广东改革开放 40 周年展览	中国文物报	12 月
48	蔡惠尧、刘剑波	深圳博物馆的历史、现在与未来	文物天地	12 月

（以姓氏笔画排序）

非遗保护
Intangible Cultural Heritage Protection

宣传活动　Promotion

欢乐闹元宵 Our Holiday: Lantern Festival

3月2日，"深圳市第十届'欢乐闹元宵'——非物质文化遗产展演展示活动"在深圳博物馆举行，吸引5000多名观众参与。活动包括灯谜竞猜、汤圆品尝、文化讲座，以及醒狮、戏剧、大鹏山歌、武术、剪纸、剪影、棉塑等非遗项目展演展示。

醒狮表演

京剧《守疆大鹏魂》

《大鹏山歌》演唱

川剧特技《三人变脸》

猜灯谜

文化和自然遗产日
Cultural and Natural Heritage Day

　　6月9日，深圳市2018年"文化和自然遗产日"活动在深圳博物馆举行，活动主题为"多彩非遗 美好生活"，吸引约4500多名市民观众参与。活动内容有"立家规 传家训 树家风"主题展演、首届"手绘非遗"美术作品展、手工技艺展示互动、专题讲座、免费文物鉴定、发放文化遗产法律法规等宣传资料。

朗诵《客家家训》

首届"手绘非遗"美术作品展

非遗项目"剪影"现场展演

粤剧《孝行流芳》

非遗进社区、进校园

Intangible Cultural Heritage Activities Held in Communities and Schools

　　举办"非遗进社区、进校园"活动 20 场，安排了戏剧、汉服、绳编、面塑等展演展示活动，观众累计超过 1 万人，促进了非物质文化遗产的传承和传播。

"非遗"走进福田区华富街道华红社区

"非遗"走进龙岗区坂田街道大发埔社区

"非遗"走进深圳市富源学校

"非遗"走进深圳职业技术学院

"非遗"走进共乐小学

2018 年"非遗进社区、进校园"活动一览表

序号	活动时间	活动地点
1	5 月 18 日	深圳幼儿园
2	8 月 25 日	宝安区沙井街道蚝二社区
3	9 月 27 日	慧文幼儿园
4	10 月 18 日	深圳市淘金山小学
5	10 月 19 日	深圳市建文外国语学校
6	10 月 19 日	福田区华富街道华红社区
7	10 月 21 日	福田区华强北街道通新岭社区
8	10 月 21 日	宝安区青少年服务中心
9	10 月 25 日	深圳市富源学校
10	10 月 26 日	坪山区比亚迪公司
11	10 月 27 日	龙岗区坂田街道大发埔社区
12	10 月 28 日	深圳职业技术学院
13	11 月 4 日	龙岗区吉华街道光华社区
14	11 月 13 日	南山区沙河街道东方社区
15	11 月 15 日	共乐小学
16	11 月 19 日	福田侨香外国语学校
17	11 月 21 日	龙岗区坂田街道五和小学
18	11 月 22 日	水围小学
19	11 月 24 日	龙岗区布吉三联社区
20	12 月 19 日	深圳市海湾中学

"深圳记忆之深圳传统手工技艺"项目
Shenzhen Memory · Shenzhen Traditional Handicrafts Project

　　3月23日，深圳博物馆（市非遗保护中心）与深圳图书馆签订共建共享"深圳记忆之深圳传统手工技艺"项目合作协议。4月13日，"深圳记忆之深圳传统手工技艺"微视频开机启动仪式在甘坑客家小镇举行。截至年底，已完成对13个非遗项目及代表性传承人的采访拍摄记录工作。

"深圳记忆之深圳传统手工技艺"微视频开机启动仪式

采访拍摄非遗项目代表性传承人

参加首届"深圳市非遗周"活动

Participating in the 1st Shenzhen Intangible Cultural Heritage Week

　　10 月 18 日 ~ 24 日，以"文化深圳·传承非遗"为主题的首届"深圳市非物质文化遗产周"举行。深圳博物馆（市非遗保护中心）参与协办，并组织多个非遗项目参加活动。

活动启动仪式

"非遗周"高峰论坛

展示棉塑技艺

参加东莞"非遗墟市"活动

Participating in the Intangible Cultural Heritage Market in Dongguan

7月28日，组织"甘坑客家凉帽制作技艺"等9个非遗项目参加东莞"非遗墟市"展示活动。10月19～20日，组织"剪影"等2个非遗项目参加东莞"非遗墟市"粤港澳大湾区城市专场展示。

"张氏灯笼"现场演示

"剪影"现场演示

"池上奶茶"现场演示

参加"粤港澳大湾区·泛珠三角（广东）非遗周暨佛山秋色巡游活动"

Participating in Guangdong-Hong Kong-Macau Greater Bay Area Pan-Pearl River Delta (Guangdong) Intangible Cultural Heritage Week

　　10月31日至11月4日，广东省文化和旅游厅、佛山市人民政府主办"2018粤港澳大湾区·泛珠三角（广东）非遗周暨佛山秋色巡游活动"。深圳博物馆（市非遗保护中心）组织省级非遗代表性项目上川黄连胜醒狮舞、平湖纸龙舞参加了"秋色巡游"，甘坑客家凉帽制作技艺参加了活态展示。

"平湖纸龙舞"展演

"上川黄连胜醒狮舞"展演

"甘坑客家凉帽制作技艺"展示

参加江西省灯彩展演活动
Participating in the Colored Lantern Display in Jiangxi Province

9月25日～28日，经广东省文化厅推荐，深圳博物馆（市非遗保护中心）组织国家级非遗代表性项目"沙头角鱼灯舞"代表广东省参加2018江西省灯彩展演活动，在赣州市石城县演出2场，巡游2次，受到当地群众的喜爱和欢迎，并获最佳交流奖。

"沙头角鱼灯舞"参演团队

参加广东省第五届麒麟文化节
Participating in the 5th Kylin Cultural Festival of Guangdong Province

9月27日～28日，组织深圳5支麒麟队参加广东省民间文艺家协会举办的2018广东省第五届麒麟文化节暨麒麟舞大赛。坪山《雄风尽显》节目获创新组金奖；《坂田永胜堂麒麟舞》《龙岗舞麒麟》获传统组银奖；光明《龙形麒麟舞》、龙华《麒麟献瑞》获传统组铜奖。

"坪山麒麟舞"表演现场

项目申报　Project Applications

推荐申报省级非遗代表性项目代表性传承人
Recommending and Applying for the Representative Inheritors of the Provincial Intangible Cultural Heritage Representative Projects

10月16日，组织评审"田氏剪纸"等7个项目申报第六批省级非物质文化遗产代表性项目代表性传承人的材料，同意7个项目推荐申报。

对代表性传承人申报材料进行评审

推荐申报省级非遗代表性项目代表性传承人一览表

序号	项目	传承人
1	红釉彩瓷"满堂红"的烧制技艺	刘权辉
2	骆氏腹诊推拿术	骆仲遥
3	李氏筋伤点穴推拿术	李寿亭
4	田氏剪纸	田星
5	棉塑	罗晓琳
6	剪影	刘期培
7	张氏传统灯笼制作技艺	张进枢

（排序不分先后）

调整和认定省级非遗项目保护单位

Adjusting and Identifying the Protection Organizations of the Provincial Intangible Cultural Heritage Representative Projects

8月31日，召开审议会议，调整"应人石的传说"等13个省级非遗代表性项目保护单位，认定"棉塑"等2个省级非遗代表性项目保护单位。

参加审议会议的专家合影

调整保护单位的省级非遗代表性项目一览表

序号	项目	调整后的保护单位
1	应人石的传说	深圳市宝安区石岩街道党建服务中心
2	望烟楼的传说	深圳市宝安区福永街道党建服务中心
3	石岩客家山歌	深圳市宝安区石岩街道党建服务中心
4	大鹏山歌	深圳市大鹏新区大鹏办事处公共事业服务中心
5	福永醒狮	深圳市宝安区福永街道党建服务中心
6	上川黄连胜醒狮舞	深圳市宝安区新安街道党建服务中心
7	龙岗舞龙	深圳市龙岗区龙岗街道公共事务中心
8	坪山麒麟舞	深圳市坪山区坪山街道办事处
9	剪纸（剪影）	深圳市期培艺术传播有限公司
10	甘坑客家凉帽制作技艺	深圳市凉帽股份合作公司
11	李氏筋伤点穴推拿术	深圳厚德医院
12	赛龙舟	深圳市宝安区松岗街道党建服务中心
13	疍家过年习俗	深圳市大鹏新区南澳办事处南渔社区居民委员会

（排序不分先后）

认定保护单位的省级非遗代表性项目一览表

序号	项目	认定保护单位
1	棉塑	深圳市宝安区民间文艺家协会
2	张氏传统灯笼制作技艺	深圳市景观亮苑照明科技有限公司

（排序不分先后）

各区活动 Activities of Different Districts

　　各区非遗活动精彩纷呈，下沙春、秋祭祖，西乡北帝古庙"三月三"庙会，赤湾天后宫"辞沙祭妈祖大典"，向南村"向南侯王诞祭典"，沙头角"鱼灯节"，疍家文化节等活动吸引大量市民群众参与。

下沙祭祖

赤湾天后宫"辞沙祭妈祖大典"

西乡北帝古庙"三月三"庙会

向南村"向南侯王诞祭典"

盐田区"鱼灯节"

其他工作　Other Work

深圳非遗剪纸传承比赛及深圳非遗剪纸艺术精品展
Shenzhen Intangible Cultural Heritage Paper Cutting Competition and Paper-Cut Artworks Exhibition

12 月 8 日，深圳博物馆（市非遗保护中心）参与主办的深圳市第十四届"创意十二月"之第七届"美丽深圳·快乐家园——深圳非遗剪纸传承比赛"和"深圳非遗剪纸艺术精品展"在罗湖区文化馆举行。

参赛选手展示作品

大湾区非遗传统武术文化大会
Intangible Cultural Heritage Traditional Martial Arts Culture Conference of the Greater Bay Area

12 月 9 日，深圳博物馆（市非遗保护中心）参与承办的首届"大湾区非遗传统武术文化大会"在罗湖区文化馆举行。来自深圳、香港、澳门、佛山等地的武术专业人士汇聚一堂。

参赛选手和嘉宾合影

麒麟舞传播基地在坂田小学挂牌成立

Establishment of the Kylin Dance Base in Bantian Primary School

7月13日，国家级非物质文化遗产代表性项目麒麟舞（坂田永胜堂舞麒麟）传播基地在龙岗区坂田小学挂牌成立。

揭牌仪式

第七届疍家文化节开幕暨疍家文化促进会揭牌

Opening Ceremony of the 7th Tanka Cultural Festival and the Inauguration of Tanka Culture Promotion Association

10月19日，深圳盐田第七届疍家文化节开幕暨盐田疍家文化促进会揭牌。

第七届疍家文化节开幕暨疍家文化促进会揭牌

建设与管理
Construction and Management

场馆建设　Venue Construction

2018 年，深圳改革开放展览馆建成开馆，历史民俗馆、东江游击队指挥部旧址纪念馆设备进行了完善提升。目前深圳博物馆正在主持推进或配合建设的场馆有 7 个，分别是古代艺术馆、深圳自然博物馆、改革开放展览馆、深圳海洋博物馆、中国国家博物馆·深圳馆、深圳经济特区管理线博物馆、咸头岭遗址公园及博物馆。

维护提升设备设施 Facilities Improvement

维护提升历史民俗馆、东江游击队指挥部旧址纪念馆基础设备设施。对历史民俗馆加装门锁，做好大厅沙盘清洁，维修储物柜、东门自动门和"古代深圳"展览展柜射灯，改造完成雨水管网、监控室空调、多媒体室和多功能报告厅。在纪念馆加装遮阳挡雨棚、完善消防管道设施，加设展厅楼梯安全提示标志。

改造储物柜

改造后的多功能报告厅

改造雨水管网

维修自动门

加装遮阳挡雨棚

古代艺术馆维修改造
Renovation of the Museum of Ancient Art

　　施工有序推进。机电设备进场，开展了绿化迁移，确认了建材和建设细节要求。文物库扩建部分以及观众服务用房封顶。展陈设计施工招标完成，中标单位进场。雕塑《闯》正在维修。

叶杨馆长在开工仪式致辞

施工现场

检查施工进展情况

检查建筑工程和机电安装样板

自然博物馆建设
Construction of the Natural History Museum

　　完成初步勘察、工程物探、地形测量及地质灾害危险性评估。修改深化可行性研究报告，编制完成节能评估报告。完成国内自然馆博物馆网络调研报告、建设场址调研报告、自然馆使用及观众需求调研问卷设计，开展前期需求研究。修订《深圳市文物、艺术品和自然标本收藏管理办法》，推进藏品征集。9月，该馆被列入深圳"新十大文化设施"。

考察场馆选址环境情况

与深圳市发改委沟通建设事宜

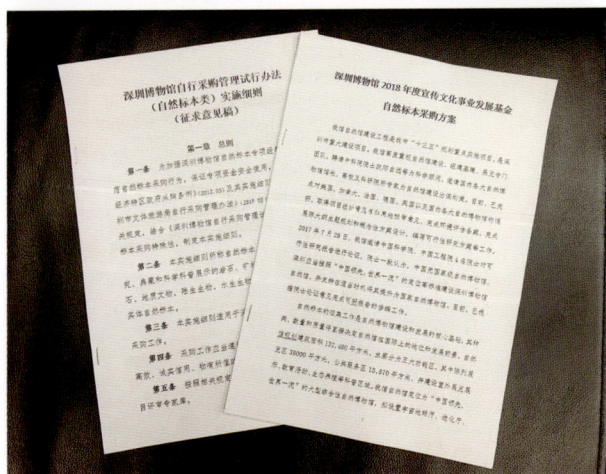

建立自然标本征集相关制度

筹建改革开放展览馆
Preparing to Build the Reform and Opening-up Exhibition Hall

    9 月，该馆被列入深圳"新十大文化设施"。我馆以"深圳改革开放史"基本陈列、"大潮起珠江——广东改革开放 40 周年展览"以及拟建的中国改革开放博物馆相关材料为基础，组织开展了基础研究工作；工作人员分批调研中国国家博物馆"伟大的变革——庆祝改革开放 40 周年大型展览"。

深圳市文体旅游局副局长陈绍华带队参观"伟大的变革——庆祝改革开放 40 周年大型展览"

叶杨馆长带队调研

筹建深圳海洋博物馆
Preparing to Build Shenzhen Ocean Museum

　　初步编制完成深圳海洋博物馆筹建方案。参加大鹏新区召开的深圳海洋博物馆选址研究工作研讨会，对海洋馆的选址和建设规模提出意见和建议；报送项目三年滚动计划。9 月，该馆被列入深圳"新十大文化设施"。

调研中国南海博物馆

赴海南三亚国家级珊瑚礁自然保护区管理处洽谈合作项目

筹建中国国家博物馆 · 深圳馆
Preparing to Build Shenzhen Hall of the National Museum of China

9月13日，深圳市人民政府与中国国家博物馆签署战略合作框架协议，将合建"中国国家博物馆·深圳馆"，同时在藏品征集、展览、人才培养、社会服务、科研学术等领域广泛开展战略合作。9月，该馆被列入深圳"新十大文化设施"。经商洽，深圳博物馆与中国国家博物馆合作推出"吉金铸史——青铜器里的古代中国"展览，于2019年1月开幕。

签约仪式现场

调研中国国家博物馆

与中国国家博物馆座谈

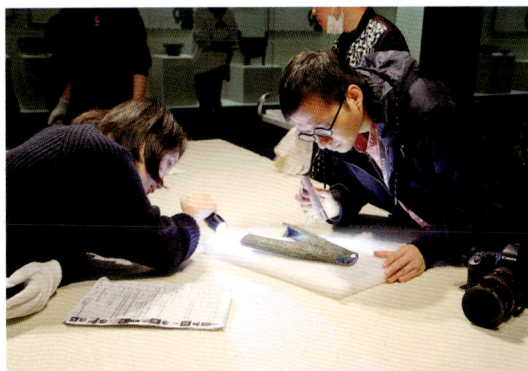

点交"吉金铸史——青铜器里的古代中国"展览展品

国家一级博物馆运行评估
Evaluation of the National 1st-Level Museums' Operation

1～3月，深圳博物馆按照中国博物馆协会部署，开展2014～2016年度国家一级博物馆运行评估工作。动员全馆各相关部室，汇总整理了共计1200多页的评估材料及附件。最终获评等级为合格，综合评分在全国一级博物馆中排名第29，在地市属一级博物馆中排名第5。

召开专题动员工作会议

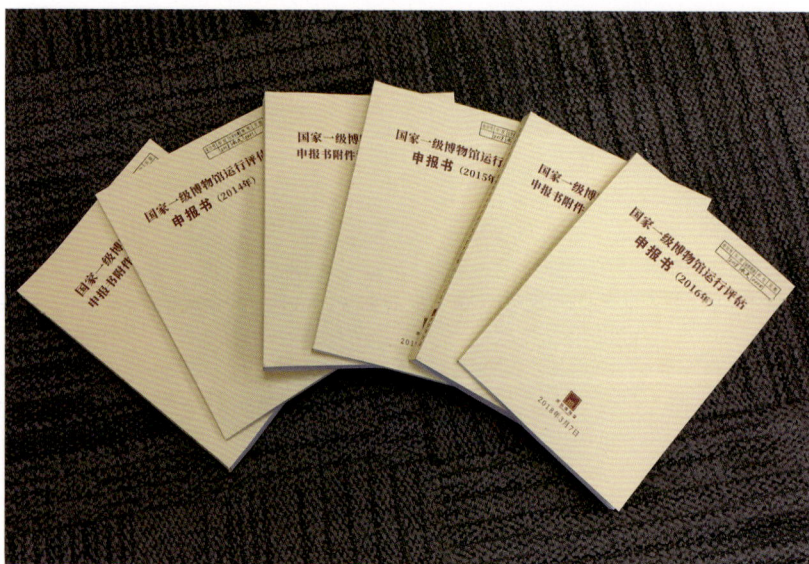

运行评估申报书及附件

数字化建设　Digitization

维护、升级基础设施 Maintaining and Upgrading Facilities

对数字化系统、展览多媒体设施进行维护保养，保障博物馆各项工作正常运行和对外宣传有效开展。

计算机机房调试

设备维护

多媒体设备操作

影音资料摄录和管理
Recording and Managing the Audio-Video Materials

完成展览、讲座、活动及会议的摄像和直播工作约 100 场次，对拍摄视频进行采集制作存档。完成深圳改革开放展览馆建设中各类会议、接待、场馆建设等摄像存档工作。拍摄展厅建设照片 5881 张，摄录 408 段、合计约 100 小时的视频素材。

拍摄展厅

拍摄深圳改革开放展览馆建设情况

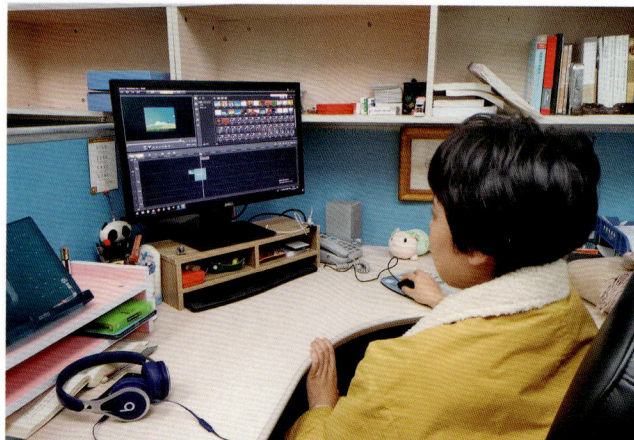

编辑视频

深圳改革开放展览馆数字化建设
Digital Construction of the Shenzhen Reform and Opening-up Exhibition Hall

围绕深圳改革开放展览馆建设官方网站、微信公众号、虚拟展厅、预约参观系统和语音导览等数字信息系统项目，及时发布相关信息通知，做好公众的参观服务，提供资料查询和虚拟参观体验。

网站首页

预约参观系统

虚拟展厅

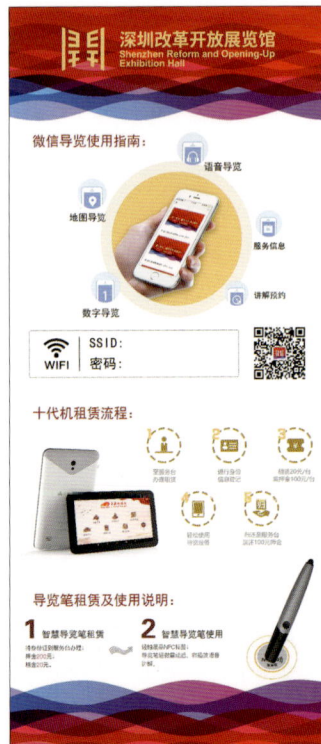

微信公众号和语音导览使用指南

制度化管理　Institutionalized Management

工作会议 Work Conference

　　2018 年，我馆进一步加强精细化管理，召开全馆大会、馆长办公会、例会、部署协调会等工作会议，高效推进各项工作顺利开展。

召开深圳博物馆 2018 年工作会议

召开物业工作例会

档案图书管理
Archives and Literature Management

档案员培训 Training of Archivists

　　组织各部、室、中心的档案管理人员参加培训，学习和讨论档案工作中遇到的问题，并由专业档案员答疑解惑。

召开档案管理人员培训会议

档案管理 Archives Management

　　档案管理的日常工作主要包括专人负责建档入库和每天查库记录温湿度，确保档案的妥善保存和管理。

接收、整理档案

阅览室开放情况 Opening of the Library

　　文博资料中心拥有国内外最新文博报刊书籍资料，阅览室面积 193 平方米，书库、古籍库、期刊库面积共 250 平方米。2018 年，订阅和赠阅的报纸 32 种，订阅中外期刊 159 种。藏书总量 35712 册，过刊 12190 册。做好图书数据的维护，阅览室正常开放，提供查找、借阅、扫描高清图像和文字资料等服务，有效保障全馆各项工作顺利开展。

阅览室

检查库房

整理报刊

安全防范　Security

全馆维稳综治和安全生产工作形势良好，各项展览、接待和活动顺利开展，安全无事故。

10月，我馆获得深圳市公安局福田分局授予的"深圳改革开放40周年专项安保先进单位"荣誉称号。

获奖牌匾

安全生产工作会议 Safety Work Meetings

向深圳市应急办、市安全生产巡查组汇报安全生产工作情况

春节期间安全生产工作部署会议

文物库房门禁和视频监控系统升级改造协调会

火灾防控工作部署会议

安全工作大检查 General Inspection on Security and Fire Safety

组织8次全馆性的节前安全防范大检查，加强日常检查、临时检查和突击检查，排查和消灭安全隐患。

深圳市文体旅游局副局长陈绍华（前排右二）带队检查深圳博物馆安全生产情况

超强台风"山竹"过后检查天台情况

"119消防安全宣传月"大检查

深圳市文体旅游局委派第三方对我馆进行安全检查

深圳市文物局、福田区消防大队联合委派第三方对我
馆文物建筑消防进行检查

深圳市公安局消防支队福田大队来我馆检查消防安全

福田区政府联合深圳市公安局消防支队福田大队来我
馆检查消防安全

安防消防培训 Security and Fire Safety Training

配合安全生产月举办消防培训

配合"119消防安全宣传月"举办下半年度消防知识培训

开展安防系统操作培训

对物业人员进行安全消防培训

安防消防演习 Security and Fire Drills

全年开展安防演习3次，消防演习6次。

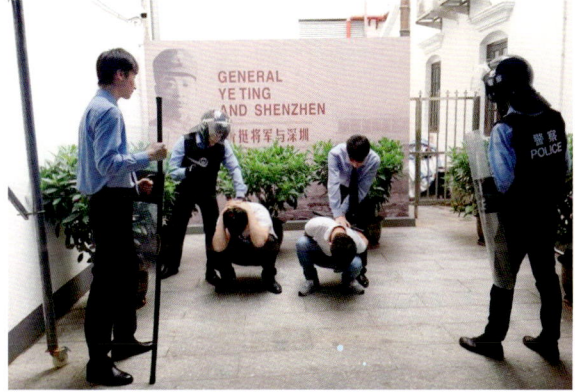

开展反恐防爆安防演习

开展消防演习

党群建设
Party and Labor Union Construction

党建工作 Party Construciton

　　深圳博物馆党总支紧密围绕全馆业务工作，组织深入学习习近平总书记对广东、对深圳工作的重要批示指示精神，开展党的十九大精神学习，坚持"两学一做"学习教育制度化、常态化。

召开 2018 年民主生活会

召开传达学习贯彻习近平总书记视察广东重要讲话精神会议

举办"纪律教育学习月"集中学习活动

组织党员参观广东省档案馆"不忘初心 牢记使命——学习宣传贯彻党的十九大精神展"和广东省方志馆"广东省情展",现场讲授党课

员工赴井冈山参加 2018 年深圳市文体旅游局党务纪检干部党性教育培训班

选举成立自行采购纪检小组

Electing and Setting up the Discipline Inspection Team for Self-Procurement

　　3月27日，召开党员大会，以无记名投票方式选举成立深圳博物馆自行采购纪检小组。这是我馆进一步加强党风廉政建设的新举措，通过党组织监督，保障自行采购工作合法合规、高效透明地开展。

召开自行采购纪检小组选举会议

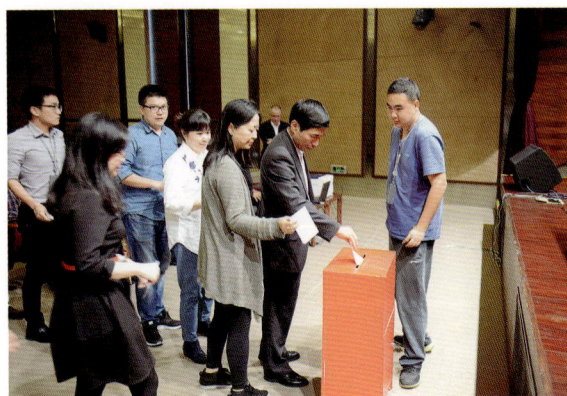

投票现场

党总支书记、副馆长蔡惠尧与纪检小组成员合影

举办职工运动会 Staff Sports Meeting

举办职工运动会

拔河比赛

乒乓球赛

跳绳比赛

趣味篮球赛

举办兴趣小组活动 Staff Hobby Groups Activities

工会组织开展丰富多彩的文体活动，提高凝聚力。

参加"市民长跑日"活动

乒乓球兴趣小组在深圳市文体旅游局系统乒乓球比赛中获团体
季军，女单第三名，男单第五名奖项

开展"写春联 送祝福"活动

户外登山兴趣小组

书画篆刻兴趣小组

瑜伽兴趣小组

2018 年大事记
Chronicle of 2018

2018 年大事记　Chronicle of 2018

一月

2 日，接收中国人民银行深圳市中心支行捐赠的 6 台钞票 销毁压块和清分设备。

3 日，接收深圳市财政委员会巡视员伍秀琼捐赠的粮票、外汇券等改革开放实物 46 件。

5 日，蔡惠尧副馆长带队参观调研蛇口改革开放博物馆。

7 日，举办"不忘初心，砥砺前行——深博志愿者 2017 年工作总结及表彰大会"。

9 日，完成陶瓷、金石、书画库房的保险箱修理。

10 ~ 11 日，工作人员赴东莞、广州参观调研鸦片战争博物馆、海战博物馆、广州博物馆、南越王宫博物馆、广东民间工艺博物馆（陈家祠）、广东省非物质文化遗产展览厅。

11 日，深圳市科学技术协会科普教育基地复核考察组一行参观我馆。

18 日，举办古代艺术馆维修改造项目开工仪式。

19 日，召开深圳自然博物馆初勘和地灾勘察结果汇报会议。

组织开展历史民俗馆安全大检查。

20 日，古代艺术馆原总控设备作为实物入库收藏。

22 日，召开第一次深圳改革开放史展览大纲专家论证会。

完成自然馆建设项目用地岩土工程勘察报告。

23 日，工作人员赴河源市博物馆对其委托修复文物的前期环境、保存现状进行检查和评估。

组织开展东江游击队指挥部旧址纪念馆消防安全大检查。

23 ~ 24 日，工作人员赴长沙参观调研湖南省博物馆、长沙博物馆和长沙简牍博物馆。

24 日，举办"迷你深圳·筑"寒假活动。

25 日，完成纽约、巴黎、东京、伦敦 4 个城市博物馆的调研材料。

开展"蝶古巴特"寒假活动。

27 ~ 30 日，杜鹃副馆长带队参加德国法兰克福"中国文博创意"主题展示活动。

28 日，工作人员参加省级非物质文化遗产代表性项目《黎围麒麟舞》非遗记录片首映式活动。

28 日 ~ 2 月 1 日，杜鹃副馆长带队考察德国森根堡自然博物馆、德国柏林自然历史博物馆和伦敦自然史博物馆。

29 日，维护、清洁"改革开放前的深圳"展厅"改革开放初期深圳一人家的家具陈设"场景。

30 日，景德镇中国陶瓷博物馆馆长赵纲一行参观我馆。

31 日，举办"千年马约里卡——意大利法恩扎国际陶瓷博物馆典藏"特别导赏。

1 月，完成《2014 ~ 2016 年国家一级博物馆运行评估申报书》材料汇总。

保护修复我馆馆藏铁仔山出土银器文物和河源市博物馆馆藏明代素三彩文物。

核查新入藏文物，并上报"全国可移动文物信息平台"。

举办小讲解员寒假提升班。

赴莲花小学举办"博物馆小讲堂" 2 场。

举办"非遗手工坊" 4 场。

举办"缪斯小剧场" 2 场。

二月

1 日，陕西历史博物馆副馆长庞雅妮一行参观我馆。

2 日，举办"观照自在——中国古代观音造像艺术展"特别导赏。

深圳卫视《改革开放 40 年之见证成长》系列报道来馆拍摄。

国际民用航空组织理事会主席阿留一行参观我馆。

3 日，深圳博物馆副馆长郭学雷开设讲座《文艺复兴以来意大利与中国的陶瓷技术交流与互动》。

4 日，中央纪委原副书记张惠新一行参观我馆。

举办"非遗手工坊"2 场。

5 日，在书画库房安装层架放置囊匣。

6 日，四川省人大原党组书记、副主任陈光志一行参观我馆。

深圳博物馆工会开展"写春联 送祝福"活动。

7 日，接收深圳市烙画艺术协会捐赠的 6 件烙画作品。

7 ~ 8 日，组织开展全馆春节前安全生产大检查。

8 日，杜鹃副馆长主持召开 2018 年春节安全生产工作部署会议。

填报深圳自然博物馆特区一体化计划表。

9 日，叶杨馆长、蔡惠尧副馆长参加广东省文物局组织的广东改革开放藏品征集工作交流会。

开展"蝶古巴特"寒假活动。

10 日，举办"观照自在——中国古代观音造像艺术展"特别导赏。

古代艺术研究部主任黄阳兴开设讲座《信仰、艺术与哲学：中国汉传佛教观音图像的历史演变》。

11 日，深圳市文体旅游局副局长陈绍华带队检查我馆春节前的安全生产工作。

13 日，"不忘初心 弘扬工匠精神——深圳市2018 年迎春烙画艺术展"在我馆历史民俗馆开幕。

深圳卫视来馆拍摄报道新春文化活动。

14 日，组织龙城物业工作人员对全馆办公区域进行安全检查。

22 日，深圳市副市长吴以环、深圳市文体旅游局局长张合运一行参观我馆并进行座谈。

26 日，协助广东省博物馆《广东省第一次全国可移动文物普查成果选编》，研究铜钱类文物 4 件。

28 日，中央纪委原副书记刘峰岩一行参观我馆。

工作人员参加深圳市文体旅游局重大办召开的博物馆建设项目协调会。

2 月，自然博物馆建设项目取得深圳市 2018 年度重大项目证书。

完成《2014 ～ 2016 年国家一级博物馆运行评估申报书》材料编纂工作。

保护修复我馆馆藏铁仔山出土银器文物和河源市博物馆馆藏明代素三彩文物。

核查新入藏文物，并上报"全国可移动文物信息平台"。

开展"我讲解 • 您点赞——我最喜爱的深博小讲解员"评选活动。

举办"缪斯小剧场"5 场。

三月

2 日，举办"深圳市第十届'欢乐闹元宵'——非物质文化遗产展演展示活动"。

举办深圳民间文化沙龙系列活动，深圳市本土文化艺术研究会名誉会长、民俗学者廖虹雷来馆开设讲座《深圳都市闹元宵》。

中共中央对外联络部副部长郭业洲一行在叶杨馆长、蔡惠尧副馆长的陪同下参观我馆。

完成深圳自然博物馆城市基础设施申报系统和2018 年度重大办重点工作计划填报工作。

6 日，深圳市委常委、宣传部长李小甘主持召开深圳改革开放展览馆筹备工作现场协调会，叶杨馆长参加。

7日，召开深圳博物馆2018年工作会议，总结2017年工作，部署2018年重点工作。深圳市文体旅游局副局长陈绍华出席，深圳博物馆馆长叶杨，副馆长郭学雷、蔡惠尧、杜鹃，以及全馆员工参会。

深圳市史志办公室巡视员黄玲一行来馆参观调研，并与蔡惠尧副馆长就深圳历史文物征集、收藏、保存、研究、展示等工作进行交流。

8日，第35届全日本中文演讲优胜者代表团一行参观我馆。

8～9日，广东省文化厅领导专家来馆调研非遗保护工作。

8～10日，文物保护部主任卢燕玲赴北京参加中国文物保护技术协会第七次全国会员代表大会，当选中国文物保护技术协会第七届理事会理事。

9日，哈萨克斯坦公务员事务与反腐署办公厅主任科勒舍维奇一行参观我馆。

13日，"丛林宝贝与毒瘤——深圳植物科普展"在我馆历史民俗馆开幕。

协助广东省博物馆《广东省第一次全国可移动文物普查成果选编》，研究铜钱类文物7件。

香港教育考察团一行参观我馆。

珠海市香洲区文体局局长黄碧溪一行参观我馆。

14日，蔡惠尧副馆长主持召开深圳改革开放展览馆大纲深化、征集保管工作推进会。

召开2018年深圳市非物质文化遗产补助经费评审会议。

中国华侨历史博物馆副馆长祁德贵一行参观我馆。

河南省人大常委会教育科学文化卫生工作委员会副主任高莉萍一行参观我馆。

完成深圳自然博物馆2018年度投资计划。

15日，蔡惠尧副馆长带领馆党总支委员等赴广州开展主题党日活动，参观"不忘初心，牢记使命——学习宣传贯彻党的十九大精神展"和"广东省情展"。

16日，出台《深圳博物馆自行采购管理试行办法（自然标本类）实施细则》。

完成《深圳博物馆2018年度宣传文化事业发展基金自然标本采购方案》。

龙华区文体局、区发改委、福城街道办、局重大办来馆调研，并召开自然馆进度协调会。

17日，深圳市仙湖植物园研究员张力来馆开设讲座《苔花如米小——苔藓植物探秘》。

举办"缪斯沙龙"系列活动，深博志愿者开设讲座《中国绘画史的几个关键词》。

17～18日，配合"千年马约里卡——意大利法恩扎国际陶瓷博物馆典藏"展览，召开"中西陶瓷贸易与外销瓷艺术学术研讨会"。来自故宫博物院、上海博物馆、台北故宫博物院、广东省博物馆、复旦大学、香港中文大学、香港城市大学、台湾大学、深圳市文物考古鉴定所、深圳望野博物馆等单位的20多位专家学者参与交流讨论。

20日，伦敦自然历史博物馆来访交流，与我馆就自然博物馆建设及长期合作达成一致意见。

21日，接待深圳市发改委副主任丘建明一行，就自然博物馆选址、建设规模、投资、可研报告编制等问题进行沟通。

深圳博物馆南山中英文学校第三期小讲解员培训班结业、授牌、注册仪式在南山中英文学校举行。

22日，蔡惠尧副馆长组织召开深圳改革开放展览馆文物藏品征集工作例会。

工作人员调研"下沙祭祖"（春祭）活动。

新加坡国际企业发展局中国司副司长胡丽燕一行参观我馆。

23日，广东省委宣传部常务副部长郑雁雄，深圳市委常委、宣传部长李小甘，副市长吴以环调研深圳改革开放展览馆，并在深圳博物馆主持召开筹备工作现场协调会，叶杨馆长参加。

与深圳图书馆签订共建共享"深圳记忆之深圳传统手工技艺"项目合作协议。

组织开展历史民俗馆安全大检查。

24 日，广东省委常委、深圳市委书记王伟中带领市委、市政府相关领导调研深圳改革开放展览馆，听取策展工作汇报，叶杨馆长陪同调研并作汇报。

配合"丛林宝贝与毒瘤——深圳植物科普展"，开展"植物画"活动。

26 日，蔡惠尧副馆长组织召开"大潮起珠江——广东改革开放 40 周年展览"脚本深化细化推进会。

工作人员采访甘坑客家凉帽代表性传承人，为《深圳传统手工技艺》微视频拍摄做准备。

27 日，召开党员大会，选举产生馆自行采购纪检小组。

工作人员赴天誉实验学校进行首届"天誉杯"深圳博物馆历史文创产品设计大赛作品复评。

28 日，开展深圳民间文化沙龙系列活动，深圳艺术学校副教授舒希来馆开设讲座《民族音乐的现状》。

29 日，叶杨馆长主持召开深圳改革开放展览馆筹备会议。

30 日，广东省委常委、宣传部长傅华调研深圳改革开放展览馆选址情况，叶杨馆长陪同参加。

完成"大潮起珠江——广东改革开放 40 周年展览"脚本第一稿。

31 日，深圳红岭中学与洛杉矶西亚中学友好交流活动学生团体参观我馆。

3 月，提交《2014 ～ 2016 年国家一级博物馆运行评估申报书》相关材料。

核查新入藏文物，并上报"全国可移动文物信息平台"。

保护修复河源市博物馆馆藏明代素三彩文物。

工作人员赴贵州考察、交流非物质文化遗产项目。

赴莲花小学举办"博物馆小讲堂"4 场。

四月

1 日，举办深圳民间文化沙龙系列活动，中国家具协会传统家具专业委员会主席团主席邓雪松来馆开设讲座《乘物游艺——浅谈明式家具的欣赏与收藏》。

2 日，修改完善深圳自然博物馆可研报告。

召开档案管理人员培训会议。

3 日，前往南山博物馆调研评估藏品环境，编制《深圳市南山博物馆馆藏文物预防性保护方案》。

接待深圳市史志办、深圳市政协来馆调研非遗工作开展情况，召开座谈会。

香港立法会前主席、全国人大常委会委员范徐丽泰一行参观我馆。

3 ～ 4 日，广东省委宣传部在我馆组织召开深圳改革开放展览馆"大潮起珠江——广东改革开放 40 周年"的大纲深化工作会议。

4 日，中国南方电网有限责任公司董事长、党组书记李庆奎一行参观我馆。

7 日，举办深圳民间文化沙龙系列活动，深圳市民间文艺家协会副主席、研究馆员李元庆来馆开设讲座《告诉你非遗的小秘密——锯琴艺术》。

深圳卫视来馆拍摄"古代深圳"展览。

8 日，清洁河源市博物馆委托修复木器文物 3 件。

新华社总编辑室融合发展中心副主任李柯勇、新华社深圳支社社长蔡国兆参观我馆。

9 日，深圳博物馆在深圳市文体旅游局系统乒乓球比赛中获团体季军，女单第三名，男单第五名奖项。

10 日，完成"大潮起珠江——广东改革开放 40 周年展览"脚本第二稿。

11 日，工作人员前往佛山市祖庙博物馆参加"漆朴神像修复项目验收会"。

12 日，美国建筑事务所 Ennead 设计合伙人托马斯·黄（Thomas Wong）一行来访，就深圳自然博物馆建设事宜进行交流。

13 日，深圳博物馆副馆长蔡惠尧出席在甘坑客家凉帽小镇举行《深圳传统手工技艺》微视频开机启动仪式。

工作人员调研深圳市非物质文化遗产西乡北帝古庙"三月三"庙会。

14 日，中国菌物学会理事、广东省微生物研究所研究员邓旺秋来馆开设讲座《走进多彩的蘑菇世界》。

举办深圳民间文化沙龙系列活动，深圳大学文化产业研究院执行院长周建新来馆开设讲座《城市化与文化遗产保护》。

16 ～ 17 日，蔡惠尧副馆长带领"大潮起珠江"展陈脚本起草组前往广州，与大纲写作组专家研讨。

16 ～ 19 日，工作人员赴中国（海南）南海博物馆、三亚珊瑚礁生态研究所调研。

19 日，工作人员参加 2018 年深圳市全民科学素质工作会议。

20 日，"合中西于一冶——安徽博物院藏潘玉良绘画艺术精品展"在历史民俗馆开幕。

贵州省人大常委会副主任何力一行在蔡惠尧副馆长的陪同下参观我馆。

21 日，中国科学院大学博士生导师廖景平来馆开设讲座《植物让人类生活更美好》。

23 日，完成"大潮起珠江——广东改革开放 40 周年展览"脚本第三稿。

工作人员参加深圳海洋博物馆选址工作研讨会。

24 日，环球健康与教育基金会主席肯尼斯·贝林先生一行来馆交流座谈，推进合作。

24 ～ 25 日，蔡惠尧副馆长带领"大潮起珠江"展陈脚本起草组赴海南省博物馆参观调研。

25 日，济南市委副秘书长、办公厅主任李光忠一行参观我馆。

26 日，举办深圳博物馆第十九届职工运动会。

27 日，"传承之道——深圳博物馆藏经部古籍善本展"在历史民俗馆开幕。

津巴布韦代表团一行参观我馆。

27 ～ 30 日，古代艺术研究部主任黄阳兴赴美国参加"藏传佛教艺术史研究新趋向"国际学术研讨会，作题为《汉藏融合——元代景德镇青白瓷塑与藏传佛教艺术管窥》的学术报告。

28 日，蔡惠尧副馆长主持召开深圳改革开放展览馆大纲工作推进会。

4 月，深圳博物馆荣获 2017 年"深圳市十佳科普基地"称号。

出版《传承之道——深圳博物馆藏经部古籍善本图录》。

赴莲花小学举办"博物馆小讲堂"3 场。

五月

3 日，"百廿北大 燕筑鹏城——北京大学发展成就展"在历史民俗馆开幕。

4 日，深圳卫视《正午 30 分》栏目组来馆拍摄"改革开放 40 周年"主题系列电视节目。

5 日，工作人员赴深圳市南山区赤湾天后宫参加广东省非物质文化遗产"辞沙"祭祀大典活动。

举办"缪斯沙龙"系列活动，深圳市龙华区羊台山文史研究会会长朱赤来馆开设讲座《"香港大营救"——并不遥远的故事》。

6 日，完成"大潮起珠江——广东改革开放 40 周年展览"脚本第四稿。

7 日，撰写深圳自然博物馆评估报告。

8 日，非洲创意代表团一行参观我馆。

日本静冈县议会议员代表团一行参观我馆。

9 日，中国国家博物馆馆长王春法、全国政协人口资源环境委员会副主任齐让一行，在深圳市文体旅游局副局长陈绍华，深圳博物馆馆长叶杨、副馆长蔡惠尧的陪同下参观我馆，并座谈。

山西省文物局党组书记、局长雷建国，山西省文物局党组成员、山西博物院院长张元成一行，在深圳博物馆馆长叶杨、副馆长郭学雷的陪同下参观我馆。

10 日，刚果共和国经济特区部长代表团一行参观我馆。

吉林省文化厅厅长马少红一行，在郭学雷副馆长的陪同下，参观我馆。

中国农业博物馆副馆长邓志喜一行参观我馆。

孙中山大元帅府纪念馆馆长程存洁一行参观我馆。

邢台市邢窑研究所所长张志忠一行参观我馆。

11 日，故宫博物院文保中心一行参观我馆文物修复室、文物分析室和常规实验室等。

安徽博物院院长胡敏一行参观我馆。

13 日，举办深圳民间文化沙龙系列活动，广东省民间文艺家协会副主席陆穗岗来馆开设讲座《传统与现代的最后一厘米文创》。

14 日，工作人员赴广东省博物馆参加"纸质文物和古扇保护修复方案评审会"。

15 日，在天誉实验学校举办首届"天誉杯"深圳博物馆历史文创产品设计大赛终评暨颁奖典礼。

15 日～ 6 月 1 日，完成南山博物馆 10 件陶瓷文物的保护修复工作。

16 日，中央电视台《深圳四十年》栏目组来馆采访拍摄。

18 日，深圳博物馆组织赴河源参加"国际博物馆日"广东主会场活动，获得"2016 ～ 2017 年广东博物馆开放服务最佳做法评选——最佳文创产品推广奖"。

18 ～ 20 日，在历史民俗馆举办"国际博物馆日"系列活动。

19 日，举办"合中西于一冶——安徽博物院藏潘玉良绘画艺术精品展"特别导赏。

20 日，举办"传承之道——深圳博物馆藏经部古籍善本展"特别导赏。

中国证监会副主席姜洋一行参观我馆。

21 日，"大潮起珠江"展览脚本起草组和藏品征集组前往中国广核集团有限公司参观并明确相关藏品征集事宜。

22 日，上海市文史研究馆副馆长沈飞德一行，在深圳博物馆副馆长杜鹃的陪同下参观我馆。

23 日，北京科技大学教授魏书亚和中国科学院大学教授宋国定参观我馆文物修复室、文物分析室和常规实验室等。

24 日，深圳博物馆被授予深圳市"儿童友好实践基地"牌匾。

深圳市委常委、宣传部长李小甘主持召开深圳改革开放展览馆筹备工作现场推进会。

25 日，蔡惠尧副馆长组织"大潮起珠江"展览脚本起草组和藏品征集组调研佛山市珠三角工匠精神展示馆。

26 日，由我馆协办的"广东改革开放 40 周年成就展"在深圳华侨城洲际大酒店开幕。

德国左翼党考察团、南苏丹苏人解干部考察团一行参观我馆。

26 ～ 27 日，"环球自然日——青少年自然科学知识挑战活动"深圳赛区总决赛在历史民俗馆举行。

27 日，广东省委常委、宣传部长傅华调研深圳改革开放展览馆，主持召开筹备工作现场推进会。

28 日，开展反恐防爆安防演习。

29 ～ 31 日，中国航海学会航海历史与文化研究专业委员会来馆调研非物质文化遗产现状及保护情况。

30 日，根据深圳市发改委《特区一体化攻坚计划 2018 年重点工作安排》，填报深圳自然博物馆工作进展及计划。

5 月，选送优秀文创产品参加"雅韵清赏——广东文创与传统书房器物展"和第十四届深圳文博会。

赴莲花小学举办"博物馆小讲堂"5场。

举办"缪斯小剧场"1场。

举办"非遗进社区、进校园"活动1场。

六月

2日，举办深圳民间文化沙龙系列活动，深圳市首届民间艺术大师袁曼君来馆开设讲座《一种兴趣 双重收获》。

确定深圳改革开放展览馆多媒体互动展项设计方案。

3日，朝鲜新闻代表团一行参观我馆。

4日，报送《关于深圳海洋博物馆大鹏新区选址方案的意见》。

工作人员前往宝安区，开展"深圳记忆之深圳传统手工技艺"项目。

配合安全生产月举办消防培训及安全应急演习。

5日，开展"环球自然日"青少年科普绘画比赛深圳赛区初赛评选工作。

完成"大潮起珠江——广东改革开放40周年展览"脚本第五稿。

6日，工作人员赴南山区参加向南侯王诞祭典。

7日，鸦片战争博物馆副馆长刘尚清一行参观我馆。

8日，深圳市委常委、宣传部长李小甘主持召开深圳改革开放展览馆筹备工作现场推进会。

深圳改革开放展览馆施工单位开始进场。

国务院参事室办公室副主任曹敏一行参观我馆。

呼伦贝尔市政协副主席李卫东一行参观我馆。

中国财税博物馆党委书记、馆长李玉环一行参观我馆。

9日，叶杨馆长主持召开深圳改革开放展览馆筹备工作现场协调会。

深圳市2018年"文化和自然遗产日"系列活动在历史民俗馆举行。

由深圳博物馆指导的"2018年文化和自然遗产日暨第四届烙画展览交易会中小学生颁奖仪式"在深圳光明烙画基地举行。

9～12日，召开深圳改革开放展览馆展项设置工作会。

12日，召开深圳市安全生产巡查组专项检查汇报会。

河北省保定市雄县政协副主席常福山一行参观我馆。

举办深圳改革开放史研究中心新入职员工培训。

工作人员调研"龙华区2018龙舟赛文化艺术节开幕式暨观澜河国际龙舟赛"。

13日，叶杨馆长主持召开"大潮起珠江"展览平面布局方案讨论会。

召开中共深圳博物馆总支部委员会2018年民主生活会。

14日，广东省委宣传部巡视员、省文明办主任顾作义检查深圳改革开放展览馆建设情况，主持召开筹备工作现场推进会。

编制完成深圳自然博物馆交通影响评价。

15日，组织讲解员赴东莞鸦片战争博物馆和海战博物馆调研，参加讲解培训。

18日，"环球自然日"青少年科普绘画比赛深圳赛区决赛在历史民俗馆举行。

20日，深圳市文体旅游局副局长陈绍华主持召开深圳改革开放展览馆展厅拆改专项工作协调会。

完成"大潮起珠江——广东改革开放40周年展览"脚本第六稿。

21日，深圳市委常委、宣传部长李小甘现场检查深圳改革开放展览馆建设情况，主持召开筹备工作现场推进会。

开展"环球自然日"青少年科普绘画比赛深圳赛区决赛评选工作。

前往大鹏所城，开展"深圳记忆之深圳传统手工技艺"项目。

21～23日，"大潮起珠江"展览脚本起草组赴广州参加广东改革开放40年展览脚本审改会议。

22日，"香港博物馆节2018"深圳博物馆分场系列活动启动仪式暨"海洋宫殿——珊瑚礁科普展"在历史民俗馆开幕。

宜宾市政协副主席马利春一行参观我馆。

23日，深圳改革开放展览馆展厅基础准备工作完成，开始全面施工。

24日，广东海洋大学深圳研究院珊瑚保育中心主任廖宝林来馆开设讲座《珊瑚的前世今生》。

25日，香港中联办副主任陈东一行在副馆长郭学雷的陪同下参观我馆。

26日，完成"大潮起珠江——广东改革开放40周年展览"脚本第七稿。

工作人员前往龙岗区，开展"深圳记忆之深圳传统手工技艺"项目。

27日，中非法律人才交流项目第五期研修班一行参观我馆。

28日，深圳市文体旅游局副局长陈绍华主持召开深圳改革开放展览馆筹备工作现场推进会。

"大潮起珠江"展览脚本起草组赴广州参加广东改革开放40年展览脚本审改会议。

工作人员调研龙岗区吉华街道举办的"客家凉帽"诗词大赛颁奖仪式暨非遗文化节文艺汇演。

29日，"物华天宝——辽宁朝阳北塔出土文物精品展"在历史民俗馆开幕。

深圳市文体旅游局副局长陈绍华主持召开深圳改革开放展览馆筹备工作现场推进会。

深圳改革开放展览馆展厅开始搭建展墙。

30日，深圳改革开放展览馆开始桥架安装、布线布管作业。

6月，赴北京、天津、重庆、四川、湖南、广西及广东省内的高校选拔招募讲解员。

完成4件河源市博物馆藏明代素三彩文物的保护修复工作。

赴莲花小学举办"博物馆小讲堂"3场。

七月

1日，深圳市文体旅游局副局长陈绍华主持召开深圳改革开放展览馆筹备工作现场推进会。

完成"大潮起珠江——广东改革开放40周年展览"脚本第八稿，以及展厅效果图。

2日，工作人员赴广州参加广东省委宣传部召开的深圳改革开放展览馆筹备工作推进会。

举行"新时代中国特色社会主义先进文化教学实践基地"签约暨授牌仪式，深圳职业信息学院与我馆签订基地建设协议。

3日，深圳改革开放展览馆展厅的复原场景开始搭建基础结构。

4～7日，深圳市文体旅游局副局长陈绍华主持召开深圳改革开放展览馆筹备工作现场推进会。

5日，叶杨馆长、杜鹃副馆长调研古代艺术馆维修改造工程进展情况。

澜湄合作六国秘书处培训班代表团一行参观我馆。

沈阳市政协主席韩东太一行参观我馆。

6日，深圳市委常委、宣传部长李小甘检查深圳改革开放展览馆，主持召开现场推进会。

韩国成均馆大学一行参观我馆。

中山大学人类学系教授、考古学家曾骐一行参观我馆。

7日，深圳市文体旅游局副局长陈绍华主持召开深圳改革开放展览馆筹备工作现场推进会。

8日，赴中共中央宣传部汇报深圳改革开放展览馆建设情况。

深圳市文体旅游局副局长陈绍华主持召开深圳改革开放展览馆设备订货情况专题会议。

完成"大潮起珠江——广东改革开放 40 周年展览"脚本第九稿。

生态环境部华南环境科学研究所高级工程师陈清华来馆开设讲座《西沙群岛历险记——趣谈南海珊瑚礁科考之旅》。

9 日，深圳市文体旅游局副局长陈绍华主持召开深圳改革开放展览馆消防安防工程协调会。

9～10 日，"大潮起珠江"展览脚本起草组赴广州参加广东改革开放 40 年展览脚本审改会议。

10 日，蔡惠尧副馆长主持召开"大潮起珠江——广东改革开放 40 周年展览"工作会议。

完成深圳改革开放展览馆文创产品区、艺术品长廊、观众互动及休息区、放映厅的设计方案。

举行"海晏河清"盛世国尊收藏仪式，国家文物局原副局长张柏向深圳博物馆捐赠"海晏河清"盛世国尊。

武警广东省总队司令员赵继东一行参观我馆。

11 日，深圳市文体旅游局副局长陈绍华主持召开深圳改革开放展览馆筹备工作现场推进会。

组织召开历史民俗馆文物库房门禁和视频监控系统升级改造协调会议。

12 日，完成"大潮起珠江——广东改革开放 40 周年展览"脚本第十稿。

完成中广核相关藏品捐赠仪式。

开始深圳改革开放展览馆各复原场景的基础施工。

郴州市政协副主席、民进郴州市委主委王东一行参观我馆。

13 日，广东省委常委、宣传部长傅华检查深圳改革开放展览馆建设情况，主持召开现场推进会。

工作人员赴龙岗区坂田小学参加国家级非物质文化遗产麒麟舞（坂田永胜堂舞麒麟）传播基地揭牌仪式。

古代艺术研究部张波为天健小学师生一行讲解"海洋宫殿——珊瑚礁科普展"。

14 日，蔡惠尧副馆长、杜鹃副馆长组织召开"大

潮起珠江"展陈工作会议，深入部署展陈相关工作。

14～16 日，"大潮起珠江"展览脚本起草组赴广州参加广东改革开放 40 年展陈脚本审改会议。

15～21 日，工作人员赴合肥、扬州调研，学习非物质文化遗产相关制度建设。

17 日，升级改造历史民俗馆文物库房门禁和视频监控系统。

18 日，工作人员调研中英街和中英街历史博物馆。

深圳改革开放展览馆各复原场景陆续开始制作，背景画开始绘制。

19 日，完成"大潮起珠江——广东改革开放 40 周年展览"脚本第十一稿。

20 日，叶杨馆长带队赴优必选公司调研机器人展项。

举办"物华天宝——辽宁朝阳北塔出土文物精品展"特别导赏。

20～21 日，"大潮起珠江"展览脚本起草组参加广东省委宣传部组织的展览脚本专家审改会。

22 日，广东海洋大学深圳研究院专家来馆举办"深海海域"室内课程。

23～27 日，在历史民俗馆举办"河源市博物馆文物保护修复人员培训班"。

24 日，完成"大潮起珠江——广东改革开放 40 周年展览"脚本第十二稿。

完成深圳改革开放展览馆展厅空调末端改造。

"环球自然日——青少年自然科学知识挑战赛"2018 年全球总决赛在武汉举行。深圳博物馆选送的参赛队伍获得一等奖 4 个，二等奖 4 个，三等奖 8 个，其中 1 组团队还获得"最佳行动实践"单项奖；选送的科普绘画队伍获得一等奖 2 个，二等奖 3 个，三等奖 1 个，其中一幅作品获得"最具潜力画面构图"单项奖。深圳博物馆获得"组织奖"。

工作人员协助退伍基建工程兵查阅基建工程兵花名册。

25日，工作人员赴大族激光公司调研相关产品展示事宜。

新疆维吾尔自治区党委副书记、政法委书记朱海仑一行在深圳市委副秘书长、市双拥办副主任刘平生，深圳博物馆副馆长郭学雷的陪同下，参观我馆。

26日，深圳市文体旅游局副局长陈绍华检查深圳改革开放展览馆建设情况，主持召开现场推进会。

27日，深圳市文体旅游局副局长陈绍华主持召开深圳改革开放展览馆筹备工作现场推进会。

征集到1992年邓小平南巡以及横琴自贸区的相关资料。

28日，完成"大潮起珠江——广东改革开放40周年展览"脚本第十三稿。

组织我市9个非遗项目参加东莞"非遗墟市"。

29日，海南大学海洋生物学教授王嫣来馆开设讲座《珊瑚礁——我们星球上奇妙的自然历史博物馆》。

30日，征集到广交会、儿童推车、明阳发电机组模型、第一代港澳通行证、火炬等一批实物。

7月，举办第九届小讲解员暑期培训班。

举办"非遗手工坊"6场。

开展少儿古琴体验6场。

八月

1日，广东省委宣传部巡视员、省文明办主任顾作义检查深圳改革开放展览馆建设情况，主持召开现场推进会。

接收揭阳制衣厂捐赠的改革开放初期制衣设备1批。

工作人员前往龙岗区，开展"深圳记忆之深圳传统手工技艺"项目，对省级非遗项目张氏灯笼制作技艺传承基地进行采访和拍摄。

3日，深圳市文体旅游局副局长陈绍华调研展场深圳改革开放展览馆建设情况，主持召开现场推进会。

工作人员陪同广东省委宣传部巡视员、省文明办主任顾作义调研"海南建省办经济特区30周年成就展"。

征集到习近平2012年视察深圳照片。

4日，讲解员赴南岭村、中英街、仙湖植物园等改革开放相关地点参观学习。

6日，"大潮起珠江——广东改革开放40周年展览"展厅墙面施工基本完成。

7日，"大潮起珠江——广东改革开放40周年展览"logo设计定稿。展厅开始自流平施工作业。

8日，叶杨馆长组织召开"大潮起珠江——广东改革开放40周年展览"版式图审改会。

工作人员赴广东海上丝绸之路博物馆协商借展"南海Ⅰ号"出水文物。

9日，"大潮起珠江"展览脚本起草组赴广州参加展览脚本审改会。

10日，深圳市文体旅游局副局长陈绍华主持召开深圳改革开放展览馆筹备工作现场推进会。

开展"深圳记忆之深圳传统手工技艺"项目，对华侨城田氏剪纸传承人进行采访和拍摄。

11日，中共中央宣传部办公厅主任、宣教局局长常勃检查深圳改革开放展览馆建设情况并召开会议，传达中宣部对展览的具体意见。

11～12日，"大潮起珠江"展览脚本起草组参加广东省委宣传部组织的版式图审改会，同步修改展览脚本。

13日，深圳市委常委、宣传部长李小甘检查深圳改革开放展览馆建设情况，主持召开筹展工作会议。

接收世博会中国馆模型、格力空调、《广东历代方志集成》、华为手机机模等实物。

14日，广东省委常务副秘书长郑雁雄检查深圳改革开放展览馆建设情况。

15 日，深圳改革开放展览馆第一件就位的展品"华龙一号"主控室进场安装。

16 日，完成"大潮起珠江——广东改革开放 40 周年展览"脚本第十四稿。

开展深圳改革开放展览馆施工现场联合安全检查和安全生产用电大检查。

举办"物华天宝——辽宁朝阳北塔出土文物精品展"特别导赏。

澳门博物馆馆长吕志鹏的带领 25 名澳门高中学生来馆交流学习，参观文物修复室，制作鹤湖新居的模型，听取展览导赏。

17 日，叶杨馆长主持召开深圳改革开放展览馆筹备工作现场推进会。

中共深圳市纪律检查委员会一行参观我馆。

19 日，深圳市文体旅游局副局长陈绍华检查深圳改革开放展览馆建设情况，主持召开现场推进会。

清洁深圳改革开放展览馆展品。

古代艺术研究部副主任蔡明开设讲座《考古"入坑"指南》。

组织观众前往广东海洋大学深圳研究院开展户外科考活动"忆海拾贝 才藻富珊"。

韩国超党派国会议员代表团一行参观我馆。

19～26 日，协助组织我市非物质文化遗产代表性传承人一行赴四川甘孜藏族自治州交流学习。

20 日，广东省委常委、宣传部长傅华检查深圳改革开放展览馆建设情况，召开现场推进会。

20～21 日，广东省委宣传部巡视员、省文明办主任顾作义主持召开"大潮起珠江——广东改革开放 40 周年展览"脚本、图表和版式图审改会。

征集到信宜大田顶骨干转播台设备。

21 日，上海市人大常委会副主任肖贵玉一行参观我馆。

初审《河源市博物馆馆藏宋褐釉佛像人物贴塑波浪弦纹塔形盖陶魂罈保护修复方案》。

22 日，征集到火炬、洗衣机、机械臂、石质壁画等实物和复制的领导人题词。

深圳改革开放展览馆展厅木工作业基本完成。

23 日，深圳博物馆党总支召开开展巡视整改暨全面彻底肃清李嘉、万庆良恶劣影响专题民主生活会。

副馆长蔡惠尧主持召开深圳博物馆 2018 年纪律教育学习月活动动员部署会议。

24 日，"自然的力量——洛杉矶郡艺术博物馆古代玛雅艺术品"展览在历史民俗馆开幕。

洛杉矶郡艺术博物馆副馆长卡哈尔在深圳博物馆副馆长郭学雷的陪同下参观我馆，并座谈。

组织开展安防演练。

25 日，杜鹃副馆长带队调研版面制作公司，了解"大潮起珠江——广东改革开放 40 周年展览"展板的制作和安装情况。

深圳改革开放展览馆展厅地胶铺设完成。

26 日，古代艺术研究部主任黄阳兴开设讲座《历史、艺术与宗教：解读朝阳北塔出土辽代佛教文物》。

阿富汗信息文化部副部长兼执行部长巴瓦瑞、阿富汗国家博物馆馆长拉希米一行参观我馆。

组织开展消防演练。

27 日，接收《走进新时代》《走向复兴》《迎风飘扬的旗》《向往》等一批改革开放题材代表性作品词曲手稿捐赠。

开始安装深圳改革开放展览馆序厅设施以及 OLED、魔墙、多媒体长卷等设备。

28 日，深圳市委常委、宣传部长李小甘检查深圳改革开放展览馆建设情况，主持召开现场推进会。

副馆长杜鹃带队与深圳市发改委社会处沟通深圳自然博物馆可研申报问题。

澜沧江－湄公河区域四国代表团一行参观我馆。

29 日，深圳市文体旅游局副局长陈绍华和叶杨馆长调研中国改革开放蛇口博物馆。

"大潮起珠江"展览脚本起草组参加广东省委宣传部召开版式图审改会。

深圳改革开放展览馆展厅的广东21个城市剪影安装完毕。

国家安全部、中央电视台来馆拍摄专题片《周恩来与中共隐蔽战线》。

越共中央司法改革指导委员会专职委员兼办公厅主任郑春瓒率领的越共中央内政部代表团一行参观我馆。

30日，叶杨馆长主持召开深圳改革开放展览馆筹建工作现场推进会。

工作人员赴东源县博物馆现场调查该馆文物预防性保护项目。

深圳市文体旅游局组织开展历史民俗馆安全生产检查。

31日，深圳改革开放展览馆展厅基础施工基本结束，开始安装调试灯光。

召开广东省省级非物质文化遗产代表性项目保护单位调整和认定会议。

8月，开展深圳自然博物馆前期需求研究工作，编制前期咨询工作计划（需求分析计划）。

参与"伟大的变革——庆祝改革开放40周年大型展览"中"春天的故事"章节的大纲撰写和资料收集工作。

举办"非遗手工坊"10场。

开展少儿古琴体验活动2场。

举办"非遗进社区、进校园"活动1场。

九月

1日，叶杨馆长检查深圳改革开放展览馆建设情况，主持召开现场推进会。

19件美术作品运输到深圳改革开放展览馆。

3日，叶杨馆长主持召开深圳改革开放展览馆筹建工作现场推进会。

完成"大潮起珠江——广东改革开放40周年展览"脚本第十五稿。

中央电视台来馆拍摄政论纪录片《深圳四十年》。

4日，国务院办公厅秘书二局党支部书记廉勇一行在深圳博物馆副馆长杜鹃的陪同下，参观我馆。

5日，深圳市委常委、宣传部长李小甘检查深圳改革开放展览馆建设情况，主持召开现场推进会。

召开"大潮起珠江——广东改革开放40周年展览"布展工作会议。

6日，深圳改革开放展览馆开始大范围调试多媒体设备。

深圳改革开放展览馆讲解员培训班开班授课。

参加深圳海洋博物馆选址研究工作研讨会。

7日，"大潮起珠江——广东改革开放40周年展览"开始全面布展。

8日，"大潮起珠江——广东改革开放40周年展览"展标、立体字和图文版面开始安装上墙，进行现场审核调整工作。

"大潮起珠江——广东改革开放40周年展览"大型展品基本安装就位，所有场景基本成型。

9日，广东省委常委、宣传部长傅华检查深圳改革开放展览馆建设情况，召开现场推进会。

工作人员前往龙华区，开展"深圳记忆之深圳传统手工技艺"项目，对省级非遗项目"棉塑"代表性传承人进行采访和拍摄。

10日，广东省委宣传部巡视员、省文明办主任顾作义检查"大潮起珠江——广东改革开放40周年展览"图文版面，召开版式修改会。

完成东江游击队指挥部旧址纪念馆环境和设施监测工作。

10～13日，工作人员赴太原参加中国文保技术协会第十次学术年会。

11日，组织开展东江游击队指挥部旧址纪念馆安防系统操作培训。

开展"深圳记忆之深圳传统手工技艺"项目，对区级非遗项目"银壶"代表性传承人进行采访和拍摄。

12日，深圳市委常委、宣传部长李小甘检查深圳改革开放展览馆建设情况。

叶杨馆长审核"大潮起珠江——广东改革开放40周年展览"图文版面和场景。

开展东江游击队指挥部旧址纪念馆防台风应急演练培训。

13日，中国国家博物馆馆长王春法查看深圳改革开放展览馆建设情况，深圳市委常委、副市长刘庆生，副市长吴以环陪同。

柬埔寨国防部"双赢纪念碑工作组"一行参观我馆。

讲解员接受中国军事博物馆解说队队长林燕燕的形体发音培训和展厅现场讲解指导。

14日，深圳市副市长吴以环主持召开深圳改革开放展览馆筹建工作现场推进会。

讲解员开始在"大潮起珠江——广东改革开放40周年展览"展厅练习讲解。

湖南省政协副主席、致公党湖南省委主委胡旭晟一行参观我馆。

15日，深圳改革开放展览馆的官网架构和基础内容成型。

马来西亚主流媒体记者采访团一行参观我馆。

美国主流财经记者一行参观我馆。

15~21日，工作人员赴浙江参加广东省非物质文化遗产保护工作业务骨干高级研修班。

17日，深圳市文体旅游局副局长陈绍华带队检查我馆安全生产工作。

18日，深圳市文体旅游局副局长陈绍华检查深圳改革开放展览馆建设情况。

深圳博物馆在南山中英文学校的第五期小讲解员培训班启动。

中共中央组织部一行参观我馆。

19日，深圳市委常委、宣传部长李小甘检查深圳改革开放展览馆建设情况，主持召开现场推进会。

"大潮起珠江——广东改革开放40周年展览"入柜展品基本布展完毕。

越南胡志明市市委委员、计划投资厅厅长史玉英带领越南共产党代表团一行参观我馆。

尼泊尔总理府代表团一行参观我馆。

20日，广东省委宣传部巡视员、省文明办主任顾作义检查"大潮起珠江——广东改革开放40周年展览"图文版面和布展情况，主持召开现场推进会。

21日，广东省委常委、宣传部长傅华检查"大潮起珠江——广东改革开放40周年展览"图文版面和布展情况。广东省委宣传部巡视员、省文明办主任顾作义主持召开现场推进会。

开始为"大潮起珠江——广东改革开放40周年展览"进行实物补充征集工作。

工作人员调研第八届"深圳市沙头角鱼灯节"展演暨"我们的节日"系列活动。

南通市委副秘书长、信访局局长顾晓明一行参观我馆。

22日，工作人员赴佛山市博物馆参加预防性保护方案评审会议。

广州市人民政府外事办公室党组书记、主任刘保春一行参观我馆。

马来西亚沙捞越州媒体代表团一行参观我馆。

24日，深圳改革开放展览馆户外水池旁的展览logo安装到位。

25日，深圳市委常委、宣传部长李小甘检查深圳改革开放展览馆建设情况，主持召开现场推进会。

叶杨馆长检查深圳改革开放展览馆建设情况。

深圳改革开放展览馆3楼大堂金属logo安装到位。

25~28日，组织国家级非遗代表性项目"沙头角鱼灯舞"代表广东省参加2018江西省灯彩展演活动。

26日，深圳改革开放展览馆的艺术作品全部安装上墙。

27 日，"大潮起珠江——广东改革开放 40 周年展览"图文版面和灯箱片基本安装完成，四至五楼扶梯墙面灯箱安装完毕。

27 ~ 28 日，组织坪山麒麟队、坂田麒麟队、龙岗麒麟队、光明麒麟队和龙华麒麟队 5 支队伍参加"广东省第五届麒麟文化节暨麒麟舞大赛"，获创新组金奖 1 个，传统组银奖和铜奖各 2 个。

28 日，广东省委常委、深圳市委书记王伟中检查深圳改革开放展览馆建设情况，并观看筹展工作汇报片。

列支敦士登国家博物馆馆长雷诺一行在深圳博物馆副馆长杜鹃的陪同下参观我馆，并座谈。

深圳改革开放展览馆文创产品区基本布置完成。

组织开展消防安全知识培训和应急演练。

29 日，广东省委宣传部巡视员、省文明办主任顾作义检查深圳改革开放展览馆建设情况，主持召开现场推进会。

叶杨馆长主持召开深圳改革开放展览馆筹建工作协调会。

丌展"博物馆进社区"系列活动，"深圳改革开放史图片展"在龙华区民乐社区举行。

韩国媒体记者团一行参观我馆。

29 ~ 30 日，开展历史民俗馆库房消杀工作。

30 日，深圳市文体旅游局副局长陈绍华和叶杨馆长检查深圳改革开放展览馆建设情况，召开筹建工作协调会。

征集到元平学校学生作品、广深港高铁模型、社会主义核心价值观雕塑。

开展深圳改革开放展览馆安全大检查。

中国伟人蜡像馆馆长章默雷一行在深圳博物馆副馆长蔡惠尧的陪同下，参观我馆。

与福田消防中队联合开展消防安全演练。

组织开展重大节庆前安防消防及物业工作大检查。

9 月，完成 5 件民间藏家托管文物保护修复工作，清洗 3 件馆藏文物"潮剧戏服"。

赴莲花小学举办"博物馆小讲堂"3 场。

举办"非遗手工坊"4 场。

举办"非遗进社区、进校园"活动 1 场。

十月

2 日，深圳市文体旅游局副局长陈绍华检查深圳改革开放展览馆建设情况，召开汇报专题会议。

3 日，广东省委常委、深圳市委书记王伟中，广东省委常委、宣传部长傅华检查深圳改革开放展览馆建设情况。

深圳市文体旅游局副局长陈绍华主持召开深圳改革开放展览馆筹建工作现场推进会。

4 日，我馆文物保护专家现场检查"大潮起珠江——广东改革开放 40 周年展览"展品保护情况。

5 日，中共中央办公厅和广东省、深圳市领导检查"大潮起珠江——广东改革开放 40 周年展览"观展路线。

深圳市文体旅游局副局长陈绍华主持召开深圳改革开放展览馆筹建工作现场推进会。

7 日，检查"大潮起珠江——广东改革开放 40 周年展览"图文版面内容和安装质量。

广东省委宣传部领导开始带领讲解员实地讲解"大潮起珠江——广东改革开放 40 周年展览"，调整完善讲解路线和讲解词。

开始深圳改革开放展览馆工程经费调整、核算工作。

8 日，深圳市委常委、宣传部长李小甘检查深圳改革开放展览馆建设情况，主持召开现场推进会。

10 日，针对缺项开展"大潮起珠江——广东改革开放 40 周年展览"实物补充征集工作。

"大潮起珠江——广东改革开放 40 周年展览"65 米新媒体艺术长卷制作完成。

深圳市文物局联合市公安局福田分局消防大队组织开展历史民俗馆安全生产检查。

11 日，广东省委常委、宣传部长傅华检查深圳改革开放展览馆建设情况。

深圳市文体旅游局副局长陈绍华、叶杨馆长检查深圳改革开放展览馆建设情况。

召开历史民俗馆动物标本消杀工作会议。

11 ~ 12 日，工作人员参加"2018 年国家级非物质文化遗产代表性项目记录成果梳理和遴选工作培训"。

12 日，中央政治局委员、广东省委书记李希检查深圳改革开放展览馆建设情况，召开现场工作会议。广东省委副书记、省长马兴瑞，广东省委常委、深圳市委书记王伟中，广东省委常委、宣传部长傅华，深圳市委副书记、市长陈如桂等陪同检查及参会。

广东省委常委、宣传部长傅华主持召开深圳改革开放展览馆筹备工作现场推进会，部署落实李希书记的指示和要求。

深圳市文体旅游局副局长陈绍华主持召开深圳改革开放展览馆筹备工作现场推进会。

组织进行深圳改革开放展览馆模拟开馆演练。

13 日，中共中央办公厅领导检查深圳改革开放展览馆参观路线。

广东省委常委、宣传部长傅华检查深圳改革开放展览馆建设情况。

广东省委宣传部巡视员、省文明办主任顾作义主持召开深圳改革开放展览馆筹备工作现场推进会。

14 日，叶杨馆长检查深圳改革开放展览馆建设情况。

全国政协委员、甘肃省政协副主席马文云一行参观我馆。

15 日，深圳市文体旅游局副局长陈绍华主持召开深圳改革开放展览馆筹备工作现场推进会。

"大潮起珠江——广东改革开放 40 周年展览"修改替换所需的全部背景油画布和图文版面下单制作。

16 日，广东省委宣传部巡视员、省文明办主任顾作义检查深圳改革开放展览馆建设情况，主持召开版式图会议。

召开"第六批省级非物质文化遗产代表性传承人推荐评审会议"。

举办"纪律教育学习月"集中学习活动。

17 日，广东省委常委、宣传部长傅华检查深圳改革开放展览馆建设情况，主持召开专家会。广东省委宣传部巡视员、省文明办主任顾作义组织省直相关单位专家检查"大潮起珠江——广东改革开放 40 周年展览"图文版面和场景内容。

叶杨馆长检查深圳改革开放展览馆建设情况。

开发完成深圳改革开放展览馆网上参观预约功能。

17 ~ 18 日，工作人员参加"2018 年全省非遗管理人员提高班培训"。

18 日，深圳市文体旅游局副局长陈绍华检查深圳改革开放展览馆建设情况，主持召开现场推进会。

广东省委宣传部巡视员、省文明办主任顾作义检查"大潮起珠江——广东改革开放 40 周年展览"展厅，主持召开版式图审改会。

深圳博物馆参与协办的"2018 深圳大鹏文化季暨首届深圳非物质文化遗产周"活动在大鹏所城开幕。

中央纪委办公厅正局级纪检监察员、副主任韩耀元，广东省纪委常委、秘书长曾风保，深圳市纪委副书记张波一行参观我馆。

19 日，中共中央办公厅领导检查深圳改革开放展览馆。

广东省委常委、宣传部长傅华检查深圳改革开放展览馆。

广东省委宣传部巡视员、省文明办主任顾作义检查深圳改革开放展览馆。

中央电视台考察"大潮起珠江——广东改革开放 40 周年展览"内容及深圳改革开放展览馆周边情况，并进行拍摄。

深圳市文体旅游局副局长陈绍华和叶杨馆长检查深圳改革开放展览馆建设情况,召开现场推进会。

深圳改革开放展览馆户外广告牌和"大潮起珠江——广东改革开放40周年展览"全部立体字安装完成。

深圳改革开放展览馆微信公众号建设完成。

开展"博物馆进社区"系列活动,"小平与深圳"图片展在龙华区民乐社区举行。

工作人员参加"深圳盐田第七届疍家文化节开幕暨盐田疍家文化促进会揭牌仪式"。

与清华大学深圳研究生院合作对馆藏脱釉青瓷进行光学相干层析成像检测。

太平洋岛国青年领袖培训班一行参观我馆。

20日,中央政治局委员、广东省委书记李希,广东省委副书记、省长马兴瑞检查深圳改革开放展览馆。广东省委常委、深圳市委书记王伟中,广东省委常委、宣传部长傅华,省委秘书长郑雁雄,省政府秘书长张虎等陪同检查。

广东省委常委、宣传部长傅华主持召开深圳改革开放展览馆筹建工作现场会议。

开始对深圳改革开放展览馆展厅设备人员、开馆接待相关岗位人员进行培训和现场演练。

组织2个非遗项目参加"东莞非遗墟市"粤港澳大湾区城市专场活动。

21日,中共中央办公厅领导检查深圳改革开放展览馆。

深圳市文体旅游局副局长陈绍华主持召开深圳改革开放展览馆筹建工作现场会议。

"大潮起珠江——广东改革开放40周年展览"图文版面全部安装完毕。组织深圳市史志办、海天出版社专家现场检查版面内容。开展版面安装质量和版面清洁大检查。

开始对深圳改革开放展览馆展厅设备操作和保障人员、开馆接待相关岗位人员进行培训和演练,安排通联设备。

举办2018年第八届"深圳市沙头角鱼灯节"文化遗产高端讲座,五邑大学建筑学院副院长张万胜来馆开设讲座《开平碉楼的诞生、辉煌、沉寂与再生》。

22日,广东省委常委、宣传部长傅华检查深圳改革开放展览馆。

深圳市委常委、宣传部长李小甘检查深圳改革开放展览馆。

23日,深圳市文体旅游局副局长陈绍华和叶杨馆长组织开展深圳改革开放展览馆参观模拟演练。

敦煌市人大常委会党组副书记、副主任郭勇一行参观我馆。

24日,中共中央总书记、国家主席、中央军委主席习近平参观深圳改革开放展览馆,中央政治局委员、广东省委书记李希,广东省委副书记、省长马兴瑞,广东省委常委、深圳市委书记王伟中,广东省委常委、省委宣传部长傅华,深圳市委常委、市委宣传部长李小甘等陪同参观。

工作人员调研"下沙黄氏宗亲祭典"活动。

刚果常驻联合国代表巴雷一行参观我馆。

25日,台湾退役上将丁渝洲一行参观我馆。

26日,开展"博物馆进社区"系列活动,"时移·事易——深圳今昔图片展(1949～2016)"在龙华区民乐社区举行。

27日,天津市政协副主席尚斌义一行参观我馆。

28日,日本新闻代表团一行参观我馆。

30日,召开深圳改革开放展览馆现场指挥部总结会议。

完成"大潮起珠江——广东改革开放40周年展览"脚本第十六稿。

历史文化研究部副研究馆员李飞赴天津参加"中国博物馆协会博物馆学专业委员会2018年度'理念·实践——博物馆变迁'学术研讨会",作《清末新政(1901～1911)与中国近代博物馆事业:一个从理念到实践的考察》主题报告。

韩国成钧馆大学一行参观我馆。

宝鸡市纪委副书记、监委副主任沙红梅一行参观我馆。

31日，深圳市文体旅游局组织开展历史民俗馆安全生产检查。

31日~11月4日，组织3个省级非遗代表性项目参加"2018粤港澳大湾区·泛珠三角（广东）非遗周暨佛山秋色巡游活动"。

10月，对河源市博物馆藏战国双箍青铜剑进行分析检测。

熏蒸消杀民间藏家托管文物，累计处理藏品8箱。

出版《周邦肇作——陕西宝鸡出土商周青铜器精华》。

赴莲花小学举办"博物馆小讲堂"3场。

举办"非遗手工坊"6场。

举办"非遗进社区、进校园"活动9场。

深圳博物馆获得深圳市公安局福田分局颁发的"深圳改革开放40周年专项安保先进单位"荣誉称号。

十一月

1日，深圳改革开放展览馆开始内部测试开放。

深圳改革开放展览馆官网正式上线，并提供参观预约服务。

由我馆推出的"深圳博物馆馆藏青铜器精品展"在河源市博物馆开幕。

根据《市海洋局关于报送建设全球海洋中心城市有关行动计划的函》，报送深圳海洋博物馆三年滚动计划。

广东省政协主席、党组书记王荣一行参观深圳改革开放展览馆。

澳大利亚主流媒体采访团一行参观我馆。

2日，中央政府驻港联络办副主任杨建平一行参观深圳改革开放展览馆。

韩国驻华大使卢英敏一行参观我馆。

开展东江游击队指挥部旧址纪念馆安全生产检查。

6日，全国政协副主席刘奇葆一行参观深圳改革开放展览馆。

7日，西部战区空军政治工作部主任蔡立山少将一行参观深圳改革开放展览馆。

津巴布韦代表团一行参观我馆。

8日，深圳改革开放展览馆"大潮起珠江——广东改革开放40周年展览"向公众开放。

"煌煌·巨唐——七至九世纪的唐代物质与器用"展览在历史民俗馆开幕。

工作人员参加"推进广深高速同乐关口交通改造事项会议"，汇报筹建深圳经济特区管理线博物馆的各项前期工作。

全国政协常委，江西省政协副主席李华栋一行参观深圳改革开放展览馆。

9日，对讲解员开展"大潮起珠江——广东改革开放40周年展览"讲解专项培训。

开展历史民俗馆安全生产检查。

10日，由香港特别行政区行政长官林郑月娥任团长、香港中联办主任王志民任荣誉顾问的香港各界庆祝国家改革开放40周年访问团参观深圳改革开放展览馆。

组织开展消防安全宣传月消防演练。

12日，全国妇联原副主席、党组副书记、书记处书记赵地一行参观深圳改革开放展览馆。

广东省委常委、深圳市委书记王伟中，市长陈如桂，市人大常委会主任丘海，市政协主席戴北方等深圳市委、市政府、市人大、市政协四套班子一行参观深圳改革开放展览馆。

13日，工作人员赴梅州市梅县区博物馆参加"2018年梅县区图文博专业科目培训班"并授课。

河北省委书记王东峰、河北省长许勤带队的河北省党政代表团参观深圳改革开放展览馆。

广东省委常委、广州市委书记张硕辅，广州市委副书记、市长温国辉,广州市人大常委会主任陈建华一行参观深圳改革开放展览馆。

江西省副省长吴晓军一行参观深圳改革开放展览馆。

14日,马来西亚总理对华特使陈国伟一行参观我馆。

组织开展消防安全宣传月大检查。

16日,广东省委宣传部在深圳改革开放展览馆召开"大潮起珠江——广东改革开放40周年展览"表彰和下一阶段工作部署会。

中共中央组织部原副部长邓声明一行参观深圳改革开放展览馆。

广东省人大常委会主任李玉妹一行参观深圳改革开放展览馆。

广东省委常委、广东省军区党委常委、省军区司令员张利明少将一行参观深圳改革开放展览馆。

重庆市政协副主席宋爱荣一行参观深圳改革开放展览馆。

长春市政协主席綦远方一行参观深圳改革开放展览馆。

17日,全国政协副主席、民盟中央常务副主席陈晓光一行参观深圳改革开放展览馆。

18日,全国政协原常委、国务院特区办原主任胡平一行参观深圳改革开放展览馆。

辽宁省政协副主席江瑞一行参观深圳改革开放展览馆。

19日,深圳市委宣传部召集我馆和市史志办,研究讨论"小平与深圳影像展"展陈内容和设计等事宜。

20日,协助深圳卫视在深圳改革开放展览馆展厅拍摄。

21日,组织开展历史民俗馆安全应急演练。

香港中联办原主任高祀仁一行参观深圳改革开放展览馆。

巴西主流媒体采访团参观深圳改革开放展览馆。

21～22日,工作人员赴北京调研中国国家博物馆,参观"伟大的变革——庆祝改革开放40周年大型展览"。

23日,中国人民解放军南部战区司令员袁誉柏中将一行参观深圳改革开放展览馆。

德国维尔茨堡－施韦因富特应用技术大学代表团一行参观我馆。

24日,湖南省委原副书记、原湖南省政协主席胡彪一行参观深圳改革开放展览馆。

23～26日,深圳博物馆组织赴福州参加"第八届中国博物馆及相关产品与技术博览会",荣获"弘博奖·最佳展示奖"。

文物保护部主任卢燕玲参加"中国博物馆协会藏品保护专业委员会2018年学术研讨会",作题为《馆藏文物预防性保护的实践和思考——以深圳博物馆预防性保护项目实施为例》的发言。

26日,举办"深圳博物馆2018年下半年度消防安全知识培训及应急演练"。

27日,中国博物馆协会城市博物馆专委会第十届学术年会在深圳改革开放展览馆举行,叶杨馆长当选新一届专委会主任委员,副馆长杜鹃当选副秘书长。

副馆长杜鹃听取古代艺术馆维修改造项目设计提升汇报。

联合国贵宾团参观深圳改革开放展览馆。

28日,工作人员赴广州调研雕塑《闯》维修情况。

对馆藏六銎铜釜进行分析检测。

香港城市大学一行参观深圳改革开放展览馆。

29日,全国人大常委会原副委员长顾秀莲一行参观深圳改革开放展览馆。

湖南省政协副主席、党组副书记戴道晋一行参观深圳改革开放展览馆。

29～30日,副馆长蔡惠尧赴澳门博物馆出席第六届粤港澳博物馆专业论坛,作题为《新时代的深圳博物馆事业》的主题发言。

30 日，工作人员参加"深圳市文物局 2018 年下半年文博系统消防知识培训及应急救援综合演练"。

中国人民解放军驻香港部队司令员谭本宏中将一行参观深圳改革开放展览馆。

山西省委书记骆惠宁带队的山西省党政代表团参观深圳改革开放展览馆。

四川省政协副主席陈放一行参观深圳改革开放展览馆。

澳门中联办组织的澳门社团青年骨干一行参观深圳改革开放展览馆。

11 月，前往龙岗区，开展"深圳记忆之深圳传统手工技艺"项目，探访非遗项目"平湖纸龙舞"。

赴莲花小学举办"博物馆小讲堂" 5 场。

举办"非遗手工坊" 4 场。

举办"非遗进社区、进校园"活动 7 场。

深圳博物馆获得广东省委宣传部颁发的"'大潮起珠江——广东改革开放 40 周年展览'筹备工作先进单位"荣誉称号。

深圳博物馆志愿者团队获第六届广东志愿服务铜奖（集体）。

十二月

1 ~ 2 日，历史文化研究部副研究馆员李飞赴中山参加"承传与发展——首届孙中山研究青年学术研讨会"，提交论文《清末新政中的官绅民困境——以 1910 年广东新安抗钉门牌事件为例》并发言。

2 日，青海省委书记王建军带队的青海省党政代表团参观深圳改革开放展览馆。

3 日，"首届深圳非物质文化遗产周图片展"在深圳市民中心开幕。

国家文物局局长刘玉珠一行参观深圳改革开放展览馆。

4 日，副馆长蔡惠尧赴无锡、南京出席参加江南文脉论坛及第二届京津冀长三角珠三角博物馆高峰论坛，作题为《博物馆的服务与被服务》的主题发言。

广东省政协副主席、民建省委会主委李心一行参观深圳改革开放展览馆。

印尼外交政策协会访华团参观深圳改革开放展览馆。

5 日，"幸福客家——深圳市第十二届客家文化节"和"第二届深圳民间工艺精品展"在历史民俗馆开幕。

甘肃省政协主席欧阳坚一行参观深圳改革开放展览馆。

6 日，举办深圳民间文化沙龙系列活动，中国艺术研究院研究员孙建军来馆开设讲座《传统工业的振兴与文化产业发展》，中央美术学院教授李振球来馆开设讲座《继承、融合与发展——当代传统手工艺的发展》。

6 ~ 7 日，香港初中及高小学生内地交流计划系列团参观深圳改革开放展览馆。

7 日，组织召开"木质文物修复培训班学习汇报"，提升文物修复业务水平。

全国政协委员、广东省政协原副主席温思美一行参观深圳改革开放展览馆。

8 日，深圳博物馆参与主办的深圳市第十四届"创意十二月"之第七届"美丽深圳·快乐家园——深圳非遗剪纸传承比赛及"深圳非遗剪纸艺术精品展"在罗湖区文化馆举行。

中央保密办主任、国家保密局局长田静一行参观深圳改革开放展览馆。

9 日，举办"一路总有你，携手再出发——深圳博物馆志愿者 2018 年工作总结暨彰大会"。

深圳博物馆参与承办的首届"大湾区非遗传统武术文化大会"在罗湖区文化馆举行。

全国政协副主席、中华全国工商业联合会主席高云龙一行参观深圳改革开放展览馆。

10 日，深圳公布"新十大文化设施"名单，我馆参与的自然博物馆、深圳改革开放展览馆、海洋博物馆、中国国家博物馆·深圳馆名列其中。

11 日，召开中共博物馆总支传达学习贯彻习近平总书记视察广东重要讲话精神会议。

深圳市公安局消防支队福田大队组织开展历史民俗馆安全生产检查。

国家副主席王岐山一行参观深圳改革开放展览馆。

俄罗斯内务部一行参观深圳改革开放展览馆。

12 日，召开"今冬明春文物火灾防控工作部署会议"。

广东省高级人民法院院长龚稼立一行参观深圳改革开放展览馆。

12 ~ 13 日，香港初中及高小学生内地交流计划系列团参观深圳改革开放展览馆。

13 日，接收摄影家陈宗浩捐赠的反映深圳城市变迁的照片相册 30 多本，底片 300 多套约 2000 多张，以及手绘创作长卷《潮起珠江口 2018》等相关资料。

广西壮族自治区政协副主席陈刚一行参观深圳改革开放展览馆。

外国驻穗领团一行参观深圳改革开放展览馆。

14 日，全国人大常委会原副委员长华建敏一行参观深圳改革开放展览馆。

15 日，组织召开"河源市博物馆馆藏素三彩陶罐保护修复项目结项验收会议"，并对《河源市博物馆藏战国双箍青铜剑（三级）保护修复方案》《河源市博物馆藏宋褐釉佛像人物贴塑波浪弦纹塔形盖陶魂罈（二级）保护修复方案》进行专家论证，顺利通过验收和评审。

16 日，"马秋华学生古曲专场音乐会"在历史民俗馆举行。

中央政治局委员、广东省委书记李希，广东省委副书记、省长马兴瑞，广东省人大常委会主任李玉妹，广东省政协主席王荣带领的广东省委、省人大常委会、省政府、省政协及省法院、省检察

院一行参观深圳改革开放展览馆。

西藏自治区党委副书记、自治区政府主席齐扎拉带领的西藏自治区党政代表团一行参观深圳改革开放展览馆。

17 ~ 18 日，蔡惠尧副馆长带队赴北京参观"伟大的变革——庆祝改革开放 40 周年大型展览"。

18 日，深圳市博物馆协会成立大会在深圳博物馆举行，郭学雷副馆长任首任会长。

验收并移交入库完成修复的深圳铁仔山出土文物 32 件。

组织开展我馆今冬明春火灾防控安全大检查。

19 日，论文《大潮起珠江——广东改革开放 40 周年展览》在《中国文物报》专版发表。

21 日，广东省人大常委会副主任黄业斌一行参观深圳改革开放展览馆。

香港初中及高小学生内地交流计划系列团参观深圳改革开放展览馆。

24 日，举办捐赠仪式，接收摄影家江式高先生拍摄的邓小平 1984 年和 1992 年 2 次视察深圳期间的珍贵照片及底片。

原中央政治局委员、常委李长春一行参观深圳改革开放展览馆。

原中央政治局常委、国务院副总理、党组副书记张高丽一行参观深圳改革开放展览馆。

25 日，报送《深圳博物馆关于筹建深圳市经济特区管理线博物馆改扩建工程的报告》。

中共中央组织部原常务副部长赵宗鼐一行参观深圳改革开放展览馆。

25 ~ 26 日，叶杨馆长带队赴北京参观"伟大的变革——庆祝改革开放 40 周年大型展览"。

26 日，"丹青鸿爪——深圳博物馆藏 20 世纪中国书画精品展"在历史民俗馆开幕。

40 年巨变，珠江见证——"绿色发展·美丽珠江"珠江流域省区广播大型融媒体联合现场直播节目在深圳改革开放展览馆举行。

原中央政治局委员，国务院副总理、党组成员刘延东一行参观深圳改革开放展览馆。

27 日，深圳市福田区政府联合市公安局福田分局消防大队来我馆检查消防安全工作。

28 日，与深圳市史志办公室党史处研讨"小平与深圳影像展"展览大纲修改等事宜。

越南党政干部一行参观深圳改革开放展览馆。

29 日，由我馆协办的"心怀桑梓 情系港深——深圳历史巨变图片展（1978 ~ 2018）"在香港深圳社团总会开幕。

12 月，清洁河源市博物馆木器文物。

出版《深圳博物馆 2017》。

赴莲花小学举办"博物馆小讲堂"3 场。

举办"非遗手工坊"4 场。

举办"非遗进社区、进校园"活动 1 场。

前往龙岗区、宝安区开展"2018 年深圳记忆"，探访《剪影》《木质农具制作技艺》《沙井蚝民生产习俗》等 3 个非遗项目。

"大潮起珠江——广东改革开放 40 周年展览"获得国家文物局颁发的"2018 年度'弘扬中华优秀传统文化、培育社会主义核心价值观'主题展览推介项目"奖项。

"我讲解 · 您点赞——我最喜爱的深博小讲解员"评选活动获深圳市文体旅游局颁发的"深圳市文化志愿服务示范项目"荣誉。

10 ~ 12 月，调整更新"大潮起珠江——广东改革开放 40 周年展览""深圳改革开放史展览"2 个展览的相关内容。

11 ~ 12 月，组织专家完成改革开放主题标志、第三批实物采购工作，拍摄改革开放历史藏品，验收广东改革开放历史主题宣传片，认定定价全省 21 个地级市剪影项目等工作。

全年，举办"博笑堂"小剧场 30 场，《我和古琴有个约会》公益讲座 20 场。

图书在版编目（ＣＩＰ）数据

深圳博物馆. 2018 / 深圳博物馆编. -- 北京 : 文
物出版社, 2019.8
ISBN 978-7-5010-6249-2

Ⅰ. ①深… Ⅱ. ①深… Ⅲ. ①博物馆－概况－深圳－
2018 Ⅳ. ①G269.276.53

中国版本图书馆CIP数据核字(2019)第188296号

深圳博物馆 2018

编　　著：	深圳博物馆
责任编辑：	徐　旸
责任印制：	张　丽
出版发行：	文物出版社
社　　址：	北京市东直门内北小街2号楼
邮　　编：	100007
网　　址：	http://www.wenwu.com
邮　　箱：	web@wenwu.com
经　　销：	新华书店
印　　制：	雅昌文化（集团）有限公司
开　　本：	889mm×1194mm　1/16
印　　张：	17.25
版　　次：	2019年8月第1版
印　　次：	2019年8月第1次印刷
书　　号：	ISBN 978-7-5010-6249-2
定　　价：	180.00元